DISCLAIMER

The author and publisher are providing this book and its contents on an "as is" basis and make no representations or warranties of any kind with respect to this book or its contents. The author and publisher disclaim all such representations and warranties, including but not limited to warranties of merchantability. In addition, the author and publisher do not represent or warrant that the information accessible via this book is accurate, complete, or current.

Except as specifically stated in this book, neither the author nor publisher, nor any authors, contributors, or other representatives will be liable for damages arising out of or in connection with the use of this book. This is a comprehensive limitation of liability that applies to all damages of any kind, including (without limitation) compensatory; direct, indirect, or consequential damages; loss of data, income, or profit; loss of or damage to property; and claims of third parties.

FIRST EDITION - Published 2022

Extra Graphic Material From: www.freepik.com
Thanks to: Alekksall, Starline, Pch.vector, Rawpixel.com, Vectorpocket, Dgim-studio, Upklyak, Macrovector, Stockgiu, Pikisuperstar & Freepik.com Designers

This Book Comes With Free Bonus Puzzles

Available Here:

BestActivityBooks.com/WSBONUS20

5 TIPS TO START!

1) HOW TO SOLVE

The Puzzles are in a Classic Format:

- Words are hidden without breaks (no spaces, dashes, ...)
- Orientation: Forward & Backward, Up & Down or
  in Diagonal (can be in both directions)
- Words can overlap or cross each other

2) ACTIVE LEARNING

To encourage learning actively, a space is provided next to each word to write down the translation. The **DICTIONARY** allows you to verify and expand your knowledge. You can look up and write down each translation, find the words in the Puzzle then add them to your vocabulary!

3) TAG YOUR WORDS

Have you tried using a tag system? For example, you could mark the words which have been difficult to find with a cross, the ones you loved with a star, new words with a triangle, rare words with a diamond and so on...

4) ORGANIZE YOUR LEARNING

We also offer a convenient **NOTEBOOK** at the end of this edition. Whether on vacation, travelling or at home, you can easily organize your new knowledge without needing a second notebook!

5) FINISHED?

Go to the bonus section: **MONSTER CHALLENGE** to find a free game offered at the end of this edition!

Want more fun and learning activities? It's **Fast and Simple!**
An entire Game Book Collection just **one click away!**

Find your next challenge at:

BestActivityBooks.com/MyNextWordSearch

Ready, Set... Go!

Did you know there are around 7,000 different languages in the world? Words are precious.

We love languages and have been working hard to make the highest quality books for you. Our ingredients?

A selection of indispensable learning themes, three big slices of fun, then we add a spoonful of difficult words and a pinch of rare ones. We serve them up with care and a maximum of delight so you can solve the best word games and have fun learning!

Your feedback is essential. You can be an active participant in the success of this book by leaving us a review. Tell us what you liked most in this edition!

Here is a short link which will take you to your order page.

BestBooksActivity.com/Review50

Thanks for your help and enjoy the Game!

Linguas Classics Team

1 - Antiques

```
F M V N Q F C N W Y O A B K
I N V E S T I T I O N L I O
O N G E W É I N L E C H J N
J H N Y L V E S I Ä R P O S
E O N P S I W P T K F J U C
L Q E N L T E Ä S Q M T E H
E Z L R S A X S R Y F I N T
G J E F H R Q F E T C É A M
A R W W H O Y D V N M T R G
N H W V D K N A U K T I O N
T G I U N E T N Ë M H L J B
F B M F N D F P E X E A F V
S K U L P T U R K R U U G C
P M I G A L E R I E T Q F G
```

KONSCHT	INVESTITION
AUKTION	BIJOUEN
LIESEN	AL
JOERHONNERT	PRÄIS
MËNTEN	QUALITÉIT
DEKORATIV	SKULPTUR
ELEGANT	STIL
MIWWELEN	ONGEWÉINLECH
GALERIE	WÄRT

2 - Food #1

```
H H S E I T B D M L V O E C
G D X P S U J M I E F K R Y
Y V X D I F G F H B F N D A
B F R R E N O R T I Z U N P
Y I Ä E U S A X T L N E U R
P N R N N A K T E M I W S I
X B E N Z L S A L Z V E S K
Z F G Ë E A M X X D H L Z O
Z T U N N T O R R A K E U S
I B A S I L I K U M Q K C E
M M Ë L L E C H M M U U K Z
T T R O P P E L J U S S E O
Ä E R D B I E R W H B L R P
H W Q H O M B U V L U L B P
```

APRIKOSE	ERDNUSS
GERÄR	BIRNE
BASILIKUM	SALAT
KARROT	SALZ
ZIMT	ZOPP
KNUEWELEK	SPINAT
JUSS	ÄERDBIER
ZITRONE	ZUCKER
MËLLECH	TUNN
ÄNNER	TROPPEL

3 - Measurements

```
M  Z  D  H  N  P  Z  L  T  W  M  I  Q  T
I  R  E  P  É  A  Y  E  U  T  W  H  J  O
N  P  Z  Y  G  I  S  L  X  B  K  K  Z  N
U  A  I  O  N  Z  C  N  G  R  A  M  M  N
T  R  M  C  G  I  M  H  J  E  T  Y  B  Q
T  E  A  M  U  M  M  K  T  T  E  T  A  H
N  T  L  N  D  S  A  L  B  E  E  H  N  A
E  E  G  I  E  Q  R  S  U  M  R  K  D  C
H  M  V  D  Y  Z  G  M  S  O  B  T  D  X
L  I  T  E  R  D  O  O  L  G  R  A  D
U  T  X  R  D  É  L  L  P  I  G  A  K  O
S  N  L  I  Z  I  I  V  L  K  A  O  X  C
H  E  J  T  V  F  K  L  Ä  N  G  T  C  X
Z  Z  X  Y  S  T  G  E  W  I  C  H  T  T
```

BYTE	KILOMETER
ZENTIMETER	LÄNGT
DEZIMAL	LITER
GRAD	MASS
DÉIFT	MINUTT
GRAMM	ONZ
HÉICHT	TONN
ZOLL	GEWICHT
KILOGRAMM	BREET

4 - Farm #2

```
P N J C H F I W M X M F G O
Y G K E N Y R E Ë I A R E R
W C Q M O C R E L D I U M C
B V E N T G I S L É S U É H
E W I E S E G S E I B C I A
K N L D M M A L C E W H S R
H Y T A M M T W H R N T T D
V Y T E M Y I V I R S G R F
S C H A F A O E Q Y M I A A
G E R Ä R W U X U P J E K O
I X S T M E N U E H C S T X
F P J L H T U P O Z M S O U
P H K N O O O A I S W A R Y
X J D E U C G R B Q J G S P
```

DÉIER	LAMM
GERÄR	LAMA
SCHEUNE	WIESE
MAIS	MËLLECH
ENTE	ORCHARD
BAUER	SCHAF
MAT	TRAKTOR
FRUUCHT GIESS	GEMÉIS
IRRIGATIOUN	WEESS

5 - Books

```
R K K W R H M A E I S Ë O P
L O O U O I C Z O N V S E V
I N X L M S G M R V I Q R J
T T H J A T I Ä S E R G Z K
E E C C N O B J R N D E I C
R X I R S R T O L T U S E Y
A T D P W I B C Z I A C L E
I G E S V S G G J V L H E P
R F G L A K X A D C I I R I
E E A V E N T U R E T C E S
S A M M E L B U Z T Ä H S C
H U M O R V O L L Y T T E H
R E L E V A N T Y X E H I N
N M D W G A U T E U R A L F
```

AVENTURE	ERZIELER
AUTEUR	ROMAN
SAMMEL	SÄIT
KONTEXT	GEDICH
DUALITÄT	POËSIE
EPISCH	LIESER
HISTORISK	RELEVANT
HUMORVOLL	GESCHICHT
INVENTIV	TRAGISCH
LITERAIRE	

6 - Meditation

```
R O U E G P Y K B J E D M G
G I T S I E G C E N M A I E
N A I E Y R W S W I O N T E
Z A É L V S A K E F T K G S
P A T E C P J P G R I B E C
T J I U U E P C U I O A F H
O F R H R K U M N D N R Ü T
W E A N Q T M G G D E K H E
J A L U W I N M Ë E N E L C
S E K M J V X O I T Q I A Y
C J A K S T I L L E T T K U
F V Y M E T M O L É I E R T
F E S R V R M U S I K W I L
B Q L N J K T O O C K G B K
```

UNHUELE	GEISTIG
WAKKERT	GEESCHT
OMTEM	BEWEGUNG
ROUEG	MUSIK
KLARITÉIT	NATUR
MITGEFÜHL	FRIDDE
EMOTIONEN	PERSPEKTIV
DANKBARKEIT	STILLE
GËTT	LÉIER

7 - Days and Months

```
G Y M Q F J U L I Q I F W X
H L L Ë R B A F E B R U A R
K H W I T S U G U A Y G T U
R E B M E T P E S Z R E Ä M
E W J Y E N W M É I N D E G
B O H O U G E O S U S H D E
O C C E E Y V L C P A C N D
T H M B L R M P U H M S N I
K T O J A N U A R G S E O E
O Z U E L V Z X Z C C N S R
H P N U J O E S L E H N R F
L G T T Y M F W I O D O J M
D Ë N S C H D E G B E D D C
O H N O V E M B E R G K X V
```

ABRËLL
AUGUST
FEBRUAR
FREIDEG
JANUAR
JULI
MÄERZ
MÉINDEG
MOUNT
NOVEMBER

OKTOBER
SAMSCHDEG
SEPTEMBER
SONNDE
DONNESCHDEG
DËNSCHDEG
MËTTWOCH
WOCH
JOER

8 - Energy

```
V W R A B R E U E N R E E E
E A O F F R H Ë T Z T D N L
R N T U A D E F C R K K T E
S D O S J T I N O T O F R K
C P M A D K R E N D R Z O T
H T J O V W E I S S P B P R
M L U C U C T R M E T M I O
U E B R G D T T K A L O E N
T W V Ä B C A S D H R Ö F J
Z M I L H I B U N R L A L F
U Ë X K V V N D B E N Z I N
N P V U C Y G N J Z L U S A
G X E N H C S I R T K E L E
W A A S S E R S T O F F Y D
```

BATTERIE
DIESELÖL
ELEKTRISCH
ELEKTRON
ENTROPIE
ËMWELT
BRENNSTOFF
BENZIN
HËTZT
WAASSERSTOFF

INDUSTRIE
MOTOR
NUKLÄR
FOTON
VERSCHMUTZUNG
ERNEUERBAR
DAMP
TURBIN
WAND

9 - Chess

```
U Q E C D M E L V I S S A P
X L W T H I K M K F Y P K Y
L Y A A K A A V C S S I Ä W
A Y B L D X M G N E K L E V
L K W T A X U P O F N L B P
S C H W A A R Z I N J E Q V
R D Z R U J E W V O A R J I
U U R E K E N O O P N L C O
O N H R I G G R E G E L E N
C N O U R T I U X A Q K U R
N A I R V J É I O L U M X U
O G A J Q D G O D S E R B O
C S P I L L P F H P E C Y T
S T R A T E G I E T N L V T
```

SCHWAARZ	SPILLER
CHAMPION	QUEEN
CONCOURS	REGELEN
DIAGONAL	DUNN
SPILL	STRATEGIE
KENG	ZEIT
GÉIGNER	TOURNOI
PASSIV	WÄISS

10 - Archeology

```
H T S N E G E G Ä I A Y V G
J A O R I E K Y R B G D G R
H R A Y R W W X A Z X U H A
A Y K P E V E R G I E S S F
N U O I T A S I L I V I Z A
F N O B S S I J D O M P A M
Y U O U Y J Ä O X Z N C N U
D A E K M X H C I L E R A E
Y M T R O W V O H P V N L X
V O J E S M A E T L F I Y P
O C F X I C M N P A E X S E
T E M P E L H E Y K W C G R
S K E L E T T E N R S I H T
F R A G M E N T R P A V U D
```

ANALYS
SKELETT
ZIVILISATIOUN
NOKOMMEN
ÄRA
EXPERT
VERGIESS
HAAPTSÄCHLECH

FRAGMENT
MYSTERIE
GEGENST
RELICH
FUERSCHER
TEAM
TEMPEL
GRAF

11 - Food #2

```
S E L L E R I E W L M L K P
S F R Q P Y S H G E E H I W
F M D D D V Z M K H E P W Y
U H K N E K N I H C S S I U
A Q J N K B H L C T O I S K
R E I S C A U O S A L C O E
D N H B O N H K I L P O U E
Y J G M H A M K F E O E M G
O P B H C N J O M K E H L P
G K Ä I S G W R V C G C O L
H W W Q I R H B P O O S L A
U D O S T U O R B H U R N N
R H R Z R C B Y W C G I M T
T D W T A M O T O S J K S E
```

APEL
ARTISCHOCKE
BANAN
BROUT
BROKKOLI
SELLERIE
KÄIS
KIRSCHE
HUHN
SCHOCKELA

EEG
EEGPLANT
FISCH
DRAUF
SCHINKEN
KIWI
REIS
TOMAT
WEESS
YOGHURT

12 - Chemistry

```
F G H G E W I C H T A T G W
L A N Ë U B L N Q J L E M A
Ë S O Y T R V N R W K M O A
S S G N Z A N E F A P A S
C E F W L V T I C F L E T S
H C S I N A G R O O I R O E
T B Q F Z W O C M T S A M R
N U K L Ä R E I A S C T I S
E O Q U C H L O R E H U C T
N K N K E I F Y T L N R V O
O V Y E H I R Q V E A Z X F
I G V L S A L Z F U U X Y F
R K B O Y X W D O K L R R M
N P W M E L E K T R O N X S
```

SAIER	WAASSERSTOFF
ALKALISCH	IONEN
ATOMIC	FLËSCHT
KUELESTOFF	MOLEKUL
CHLOR	NUKLÄR
ELEKTRON	ORGANISCH
ENZYM	SALZ
GASS	TEMPERATUR
HËTZT	GEWICHT

13 - Music

```
W  X  R  I  T  N  E  M  U  R  T  S  N  I
S  E  N  G  E  R  X  Z  V  H  S  N  R  J
C  H  O  U  E  R  U  J  O  Y  S  E  N  G
B  W  U  E  X  J  T  Z  K  T  X  L  R  B
R  H  Y  T  H  M  U  S  A  H  C  R  Z  L
F  K  Y  Y  H  V  V  L  L  M  U  B  L  A
L  J  K  T  H  A  Y  K  S  I  T  E  O  P
H  E  X  S  B  O  R  C  X  S  N  O  B  M
M  E  L  O  D  I  E  M  U  C  F  P  A  U
L  Y  R  I  S  C  H  F  O  H  N  E  L  S
K  L  A  S  S  I  S  C  H  N  T  R  L  I
M  H  A  R  M  O  N  I  E  P  I  A  A  K
S  T  E  C  K  E  R  F  O  T  O  K  D  A
D  Y  M  U  S  I  K  E  R  M  Q  Y  E  L
```

ALBUM
BALLADE
CHOUER
KLASSISCH
HARMONIK
HARMONIE
INSTRUMENT
LYRISCH
MELODIE
STECKER

MUSIKAL
MUSIKER
OPERA
POETISK
FOTO
RHYTHMUS
RHYTHMISCH
SENG
SENGER
VOKAL

14 - Family

```
N X V R V K O S E N G R U W
N E P S J Ä H Z I X T O G M
A K V S M C T E E H D N A K
M A D E U A V E A C W J Z S
S N K I U S M K R I B J H L
C D O N K E L M E L E K N E
H V P A P P M A N R I W D V
W F T J E A A Q N E S C R I
Ë W L C C F T N A T J W H R
S W E V Z T I X K T M C X F
T D U E C H T E R Ü U U W A
E D U F J D L R I M F R A H
R E D D U R B W Q W J K U R
G R O U S S P A P P G Y X E
```

VIRFAHRE	ENKEL
TANT	MANN
BRUDDER	MÜTTERLICH
KAND	MAMM
KANDHEET	NEVEU
KANNER	NIESS
KOSENG	VÄTERLICH
DUECHTER	SCHWËSTER
PAPP	ONKEL
GROUSSPAPP	FRA

15 - Farm #1

```
E W L X D Ü N G E R G D H P
P S D G K T O I G V E Z O Ä
Y I E H O X S O H B E O N E
L N K L U V I Z W W S X D R
C P U Y S H B S T B S G D D
W Y H F I E N E I B K A L F
H O N I G Z E K R Ä H W Q M
B D K I U R B D N A L A D Z
T I K S X X T L S M R A G P
R E I S N Q D E X V O S I J
K A Z P P T P F T U K S Z L
O C N L E U V R W I U E T H
Q W E X M G D O Z W O R Z F
B G F C A X Y E O G W L N Y
```

LANDBRUIK	FENZ
BIENE	DÜNGER
BISON	FELD
KALF	GEESS
KAZ	HEI
HUHN	HONIG
KUH	PÄERD
KRÄH	REIS
HOND	SEEDS
ESEL	WAASSER

16 - Camping

```
T V B S K S F S H Z K X S J
N T V I Y A J M Ä E A C P T
G J J E E C N R N L B O A G
D É I E R R O N G T I B S V
B S R U S W G T E I N O S E
S N D N A T U R M J N G L X
E R U T N E V A A M X T D F
E S S V G T S A T E U H I F
L S É C Q R W K T E Y C N I
R A S I K D X C E B B A S R
P P O W A L D C O M R J E Z
W M M O U N T O F A G K K G
F O I D G F X O A N U X T Q
C K M I M A U V R R A S Q I
```

AVENTURE
DÉIER
KABINN
KANN
KOMPASS
FIR
WALD
SPASS
HÄNGEMATTE
HUET

JACHT
INSEKT
SÉI
KAART
MOUNT
BIERG
NATUR
SEEL
ZELT
BEEM

17 - Algebra

```
L F N A F V S Z L E U Z L P
A A U L N A L K C X N W Ë A
L K O I E R J U Z P D M S R
J T I N H I Q F F O I J C E
O O T E C A K A L N A N H N
F R K A I B X L H E G B T T
T O A R E E V S V N R W Y H
J N R T F L H C P T A D B E
Y K F M R V Q H D L M M H S
G Y S M E L B O R P M A R O
K D A H V L N U L L G T R S
S U B T R A K T I O N R R B
O N E N D L E C H T G I B K
E Q U A T I O U N W F X J G
```

DIAGRAMM
EQUATIOUN
EXPONENT
FAKTOR
FALSCH
FORMEL
FRAKTIOUN
ONENDLECH
LINEAR

MATRIX
ZUEL
PARENTHES
PROBLEM
VERFEICHEN
LËSCHT
SUBTRAKTION
VARIABEL
NULL

18 - Numbers

```
F  D  F  E  L  E  I  W  Z  X  X  R  Z  V
O  R  A  Ë  D  X  Y  E  T  X  E  J  U  É
F  Q  K  G  N  É  Z  T  H  C  E  U  Z  I
Z  X  D  J  D  N  E  S  C  I  Z  P  É  E
É  D  R  E  I  V  E  O  A  K  L  B  N  R
N  N  R  T  Z  C  W  F  A  V  O  Y  G  Z
G  D  T  Ä  U  I  Z  W  A  N  Z  E  G  É
A  C  E  C  I  Q  M  V  I  U  T  Y  N  N
N  O  N  Z  É  N  G  A  C  I  N  B  É  G
S  E  C  H  Z  E  H  N  L  K  Z  E  N  V
E  G  R  O  L  W  I  T  N  S  E  C  H  S
J  F  G  K  H  E  D  R  Ä  I  Z  É  N  G
T  O  I  K  H  S  S  I  E  B  Z  E  H  N
C  S  L  Q  N  S  W  T  C  O  Q  C  V  W
```

DEZIMAL	SIEBZEHN
AACHT	SECHS
UECHTZÉNG	SECHZEHN
FOFZÉNG	ZÉNG
FËNNEF	DRÄIZÉNG
VIER	DRÄI
VÉIERZÉNG	ZWIELEF
NÉNG	ZWANZEG
NONZÉNG	ZWEE
SEWEN	

19 - Spices

```
J L A K A R D E M O M C P K
R E D N A I R O K C X U A N
N E L L I N A V I W Y R P U
E X P N D S K L D H K R R E
M A V D Y I O W D Z G Y I W
A S V R M M F N Z I O P K E
S A F I E N T A L M U A A L
L K Z V R F K Z A T S S S E
E M L Q E E F R S O C T G K
H M X E J B G E N V Z E C O
C E S R C H K W F Ë N N E R
N L É V E H H G U P X Z A O
E O I W S T U N T A K S U M
F B S B D G I I M I W L T X
```

ANIS
JEREMY
KARDEMOM
ZIMT
KLECH
KORIANDER
MMEL
CURRYPASTE
FENCHELSAMEN
GOUS

KNUEWELEK
INGWER
MUSKATNUTS
ËNNER
PAPRIKA
PFEFFER
SAFIENTAL
SALZ
SÉIS
VANILLE

20 - Universe

```
A S T E R O I D U C O X H T
A S T R O N O M O W F C H E
H L L E M I H Z T I O R B L
C E D N E W N E N N O S R E
S M M U M R T U O K E B E S
I M S I G Q R P Z F I F E K
M I Y C S F X U I Y M R D O
S H J P R P V A R Q O O E P
O H E W S W H M O U N T G D
K A D N U Q K Ä H W O A R D
S G E S I N N Z R X R U A X
D Ä I S C H T E R T T Q D P
G A L A X Y P A Y X S E A U
W M X U O R B I T R A L O S
```

ASTEROID	HORIZONT
ASTRONOM.	BREEDEGRAD
ASTRONOMIE	MOUNT
HIMELL	ORBIT
KOSMISCH	HIMMEL
DÄISCHTERT	SOLAR
EQUATOR	SONNENWENDE
GALAXY	TELESKOP
HEMISPHÄR	GESINN

21 - Mammals

```
F O L Q K R V Z A G H L Q B
W U O L W T I G G I A K R I
F I C D F E T O J O K H P B
T Y Y H I U N R Y Z V U A E
O T B A S L R I M F N E F R
E G S C H A F L M U K T F M
Z I E H K I L L U B Ä P A M
J W O B M O L A C E N E R U
Z M E Z Ä P Ä E R D G L I Z
N K W A L R L T R Z U E G N
A N I H P L E D X I R F Z S
W O L F K U L N X R U A X V
Z E B R A A D O M L T N P W
M A N F B X Z H M F G T F V
```

GEBÄREN	GORILLA
BIBER	PÄERD
BULL	KÄNGURU
KAZ	LOUW
KOJOTE	AF
HOND	HUET
DELPHIN	SCHAF
ELEFANT	WAL
FUCHS	WOLF
GIRAFF	ZEBRA

22 - Bees

```
F R U U C H T G I E S S K B
B E P B T T C L W A K B O E
T B S N E M M U L B V F K N
H U J O W Y M R A W H C S E
G Ä Y W I D U T Q F X W Z F
A T Ö C P L A N Z E N I N I
R S P K H O N I G N D N S Z
D E D N O W A C H S C G P I
E B L É I S I A Z M W S Y E
N W Y K C B Y P O L L E N L
Q U E E N N O S M O J I Y L
D F Z C N W C H T K E S N I
J Z O T E N L P A E Z E R B
Z S Z W C I B D M R M Y E R
```

BENEFIZIELL	PLANZEN
BLÉI	POLLEN
ÖKOSYSTEM	BESTÄUBER
BLUMMEN	QUEEN
MAT	FAUCH
FRUUCHT GIESS	SONN
GARDEN	SCHWARM
HONIG	WACHS
INSEKT	WINGS

23 - Sports

```
B E W E G U N G B S K V F A
R E N I A R T N A T K W D R
F E L D W G B A M A E T B B
G O L F P L A T Z D V F A I
S A W L V J Z A T I D I S T
J P T B I W T N A O H T E T
J G I H Z P L N L N V N B E
K Z V L L R S O P W E E A R
J X H C L E Q I S K E S L P
B A S K E T T P I Q L S L V
E R I W W E R M N U Q R K H
J R V Z E F P A N G M A T C
L G P I P S I H E Z X U C P
G K Q F L N J C T F X M I E
```

ATHLET
BASEBALL
BASKET
VEEL
CHAMPIONNAT
TRAINER
SPILL
GOLFPLATZ

FITNESSRAUM
ERIWWER.
BEWEGUNG
SPILLER
ARBITTER
STADION
TEAM
TENNISPLATZ

24 - Weather

```
B E Q B P Q H T O R N A D O
B R C L M H I O J E T P Q A
L E I Y Z A M I L K T Y N T
Ë N U S N O M R U T S Z X M
T N O I E B E M H S W P T O
T O B Ä K R L E W W I N R S
A D E E L S R Y G P D K O F
T C E B O B J Ü E T R K P Ä
P Y R E W S Z G D C Ë T I R
P O O G S Y J T D W C H S R
I M L T W A N D G F H V K O
C B N A C I R R U H T F R V
M X G F R Y F C Y P K B C H
T E M P E R A T U R H Y G G
```

ATMOSFÄR
BRISE
KLIMA
WOLKEN
DÜRRE
DRËCHT
NIWWEL
HURRICAN
ÄIS
BLËTT

MONSUN
POLAR
REEBOU
HIMMEL
STURM
TEMPERATUR
DONNER
TORNADO
TROPISK
WAND

25 - Adventure

```
I  L  C  Z  G  P  S  A  M  S  Q  E  J  I
M  Y  P  R  E  C  C  G  U  D  V  W  A  S
M  M  E  F  F  Ä  H  C  S  S  P  J  N  W
A  T  N  D  F  O  O  P  Q  N  F  N  I  D
C  D  H  E  E  K  O  N  H  V  Q  L  B  I
A  D  E  E  R  F  N  E  N  B  H  E  U  Q
F  R  Ë  N  N  F  H  I  N  A  T  U  R  G
C  Y  C  H  B  F  E  Z  I  L  Q  L  G  C
Z  Z  D  N  M  B  I  F  M  A  Y  A  L  H
B  V  W  I  J  S  D  E  A  Q  O  L  K  A
M  N  M  T  G  Y  K  N  U  S  H  K  J  N
T  W  N  A  K  T  I  V  I  T  É  I  T  C
H  B  L  Ë  T  Z  E  B  U  E  R  G  I  E
T  S  C  H  W  I  E  R  I  G  K  E  I  T
```

AKTIVITÉIT
SCHOONHEID
CHANCE
GEFFER
ZIL
SCHWIERIGKEIT
AUSFLUG

FRËNN
SCHÄFFE
FREED
NATUR
LËTZEBUERG
NEI
SAFE

26 - Restaurant #2

```
S  S  L  X  O  C  C  C  Q  P  C  W  L  K
M  V  Q  Ë  T  N  T  H  C  S  E  L  A  A
P  L  F  U  S  N  T  Q  G  J  H  L  Z  C
Q  H  G  E  S  C  E  A  H  N  R  P  A  H
A  R  E  T  A  W  H  E  Y  F  G  B  J  E
Q  E  M  L  L  Z  C  T  C  K  Ä  I  S  N
Q  S  É  O  Z  E  S  R  G  U  Z  N  E  K
X  S  I  L  Z  J  R  M  S  O  V  O  T  T
W  A  S  U  Q  K  O  X  K  E  K  U  P  V
G  A  H  R  B  M  F  E  L  Q  X  Q  L  P
C  W  C  Z  M  O  Ë  Y  V  K  Z  K  I  E
Y  O  S  S  E  I  G  T  H  C  U  U  R  F
G  G  I  S  A  L  A  T  T  R  Z  E  N  E
V  Q  F  F  W  E  U  O  R  E  N  I  D  Z
```

KACHEN	SALAT
HL	SALZ
LESCHT	ZOPP
DINER	RZEN
FISCH	LËSCHT
FORSCHETT	GEMÉIS
FRUUCHT GIESS	WATER
ÄIS	WAASSER
MËTTE	

27 - Geology

```
V I H Z K O N T I N E N T L
K R I S T A L L E N K P U A
K O R A L L E N J A L L F D
Z D P N D I V C C W C A Y E
E V O J R F Q U A R Z N H Z
S N E W E I B D R E Ä G I Y
S T W L I N U O I S O R E K
E T A Y A H N P H I N T L L
K V E L S V M B P E A Z G E
S V Q I A B A T Z G W N I N
X J T M N K H P L A T E A U
V U L K A N T L A R E N I M
K A L C I U M I S L J G I K
H C E L H C Ä S T P A A H E
```

SAIER	GEISER
KALCIUM	LAVA
HIEL	PLANG
KONTINENT	MINERAL
KORALLEN	PLATEAU
KRISTALLEN	QUARZ
LADEZYKLEN	SALZ
ÄERDBIEWEN	STALAKTIT
EROSIOUN	STEIN
HAAPTSÄCHLECH	VULKAN

28 - House

```
P S D S U M M E R S F F B D
A F T O D M J F E P E Ë I A
S K E A U G K B U I N N B C
Z O K I C S J K A E Z S L H
K C P M L K C U M G V T I B
E H L X F T F H H E B E O O
L N A S E V A F K L G R T D
L I M P V Q Z S S M W P E E
E S P Y E F S T T N Y G K N
R C E I H N N E L E W W I M
S H R M D I E R G D N I X Z
P E J H I M S M J R R A N Q
D A C H O A E F E A R P X H
Q B W T N K B D E G A R A G
```

DACHBODEN
KELLER
BESEN
DIER
FENZ
KAMIN
STACK
MIWWELEN
GARAGE
GARDEN

PFEILTASTEN
KOCHNISCHE
LAMPE
BIBLIOTEK
SPIEGEL
DACH
SUMMER
DOUSCH
MAUER
FËNSTER

29 - Physics

```
E M A G N E T I S M E U N T
X R E L A T I V I T É I T B
P W J Z F M M E C H A N I K
A L Z W E E C H E M E S C H
N O R T K E L E F O R M E L
S O A H C S L Z T I Q Q G B
I M M N L L E S R E V I N U
O O O U H C K U O E H U J U
U L T K Y S I M C S T K S V
N E O L F B T A O S U E Z G
V K R Ä B G R S A E F I M M
N U G R T P A S I T H C I D
R L R V K K P S F I O M V O
F R E Q U E N Z S V O M T R
```

ZWEE	GASS
ATOM	MAGNETISME
CHAOS	MASS
CHEMESCH	MECHANIK
DICHT	MOLEKUL
ELEKTRON	NUKLÄR
MOTOR	PARTIKEL
EXPANSIOUN	RELATIVITÉIT
FORMEL	UNIVERSELL
FREQUENZ	VITESSE

30 - Bathroom

```
T U S H A P S S C H E R E W
L J E C J W I P W N H A J A
A P Z S H W U M I V M M U S
B N U X S W D A O E T G G S
Y U U E Z A A D F W G Z A E
T G B D J V B M Y M W E R R
Y X A B R B H U Z G V Y L H
O R B I E Y H F O S E E F A
O Q W I C L E R M J F V X H
P T B D I V S A Y H F M I N
M L O T I O N P E N S Y B I
A X X W A A S S E R T H B I
H D O U S C H C U D D N A H
S P A W E C K F X F Z O A I
```

BAD
BUBBELS
WASSERHAHN
LOTION
SPIEGEL
PARFUM
SPAWECK
SCHERE

SHAMPOO
DOUSCH
SEEF
SCHWAMZ
DAMP
WC
HANDDUCH
WAASSER

31 - Dance

```
B  J  U  Z  O  H  B  H  E  O  V  F  B  M
E  I  M  E  D  A  C  A  M  G  I  E  C  A
W  Q  U  U  C  X  B  V  O  A  S  I  I  L
E  R  E  N  T  R  A  P  T  J  U  Z  R  L
G  E  H  M  D  U  S  U  I  R  E  W  D  E
U  P  K  Y  G  M  X  Y  O  P  L  D  M  R
N  R  M  U  T  F  W  C  N  U  L  J  L  U
G  E  U  P  L  H  R  K  O  N  S  C  H  T
U  I  S  H  S  T  M  Ë  G  N  A  D  E  L
L  K  I  Q  X  R  U  U  S  X  N  D  B  U
S  K  K  R  T  K  X  R  S  C  Z  Q  E  K
K  L  A  S  S  I  S  C  H  G  H  D  H  K
K  R  Ä  I  S  C  H  E  M  R  M  T  Y  G
C  H  O  R  E  O  G  R  A  P  H  I  E  Y
```

ACADEMIE	KRÄISCHE
KONSCHT	GNADE
KIERPER	FRËSCHT
CHOREOGRAPHIE	BEWEGUNG
KLASSISCH	MUSIK
KULTURELL	PARTNER
KULTUR	RHYTHMUS
EMOTION	VISUELL

32 - Colors

```
H F W V K V P E F M B O S J
I U Ä I M E Z R A A W H C S
U C I O M X W L S G N É R G
U H S L E I G S O E G I E B
T S S E I F A Q R N V U G P
E I R T G C J U E T E E N X
N E A T N D D J X A R Q A S
R R W M O V S Z Y A N X R W
V O L I R V Z P V P G B O G
H M U U B Z L G A B G J Q R
G L M T F S P C K H L H V O
B J B A P F N K C D K O W J
A L Q K R A E N W X N F C G
F V T T W F F J E Q Z I H W
```

BEIGE	MAGENTA
SCHWAARZ	ORANGE
BLO	ROSA
BRONG	MOV
ZYAN	ROUT
FUCHSIE	VIOLETT
GRÉNG	WÄISS
GRO	GIEL

33 - Shapes

```
M Z F A F W B H X S J S K P
U D W Q S A J A L I V Ä D R
P Q B J A X F Z X T R I R I
P O E D P V L G O Q I T I S
V Y L E B R E P Y H R B E M
M T E Y E U H H F U K W E A
I N G O G K I A D T X N K R
H E E R I O A J Y W Y A E P
Y M K R E D N I L Y Z S L Q
Z S P I L L E N Y P V B K M
R E C H T E C K I K A N T E
M E G A M I N X Z L L A V O
H R S P Z N G I B E C K R P
X K G Y S J Y Z U D T B K C
```

ARC
KREES
KEGEL
ECK
MEGAMINX
KURV
ZYLINDER
KANTE
ELLIPS

HYPERBEL
LINN
OVAL
POLYGON
PRISMA
RECHTECK
SÄIT
DRIEEKEL

34 - Scientific Disciplines

```
H C I V S B C J K H Z F Y B
Q K M R A O I H F P P B D I
F I U Y L O C O E M W S E O
L K P L Z K S I L M O U T C
I M M E V V R L O O I P H H
N M E C H A N I K L G E V E
G A N A T O M I E I O I V M
U Ö K O L O G I E H J G E I
I M I N E R A L O G I E I E
S A R C H E O L O G I E N E
T I M M U N O L O G I E A E
I P S Y C H O L O G I E T V
K G E O L O G I E Z G V O F
K I N E S I O L O G I E B B
```

ANATOMIE
ARCHEOLOGIE
BIOCHEMIE
BIOLOGIE
BOTANIE
CHEMIE
ÖKOLOGIE
GEOLOGIE

IMMUNOLOGIE
KINESIOLOGIE
LINGUISTIK
MECHANIK
MINERALOGIE
PSYCHOLOGIE
SOCIOLOGIE

35 - Science

```
M L K B I W X O A K Q X O E
I E A H C S U S B O W N M X
N K Z B Y L S G V N K U M P
E I S F O P R Z E O U O O E
R T K A F R O A T O M I L R
A R U T A N A T S J X T E I
L A M I L K F T H A F U K M
I P J K I A P Z O E C L U E
G R A V I T É I T I S O L N
X C H E M E S C H Q R V E T
Z M U M E T H O D E M E N L
H D R Y G A P L A N Z E N O
G M E Z N D Q N A I R V F Y
T F S P H Y S I K P N B X X
```

ATOM   LABORATOIRE
CHEMESCH   METHODE
KLIMA   MINERAL
DATE   MOLEKULEN
EVOLUTIOUN   NATUR
EXPERIMENT   PARTIKEL
FAKT   PHYSIK
GRAVITÉIT   PLANZEN
HYPOTHES

36 - Beauty

```
L  I  P  P  E  N  S  T  I  F  T  K  S  B
S  H  A  U  T  P  S  U  L  I  R  O  E  H
N  H  S  T  Y  L  I  S  T  G  U  S  R  C
W  M  A  M  Z  N  A  G  E  L  E  M  V  G
A  Y  B  M  L  E  G  E  I  P  S  E  I  E
E  J  U  K  P  G  L  A  T  E  M  T  C  Q
H  R  A  U  G  O  S  K  G  L  L  I  E  Z
S  M  S  G  T  T  O  U  N  E  D  K  V  Y
B  C  T  M  G  O  W  R  A  G  H  U  H  H
H  O  H  S  I  F  I  L  D  A  O  T  F  C
Y  V  L  E  B  G  H  E  E  N  Z  R  Q  T
R  L  Q  Z  R  F  C  N  Q  T  X  Q  Y  O
Y  H  L  L  A  E  M  R  A  H  C  V  L  W
S  Q  O  D  F  F  H  P  C  R  T  Q  A  Z
```

CHARME	SPIEGEL
FARBIG	FOTOGEN
KOSMETIK	SCHERE
KURLEN	SERVICE
ELEGANZ	SHAMPOO
ELEGANT	HAUT
DUFT	GLAT
GNADE	STYLIST
LIPPENSTIFT	

37 - Clothes

```
V A K W S Y H W J S I S D U
G Z F K E L A D N A S W Q U
F T C L N Z N E O H C S P I
H S G H E E D O M J H I W M
S H U F U U S D D A A S L E
O I Z B O X C V F C L M W B
C R N H J N H P U K C O R M
E T A C I M U A N E S U L B
I M F X B J H Y R R R S P N
N K A S C H O R T M H F U A
T U L N A J H U G D B N V C
U W H A T Q F U H W O A N J
R U C D I E L K E Z A E N K
E Y S V J K L X A T M J L D
```

SCHORT	JEAN
CEINTURE	BIJOUEN
BLUSE	SCHLAFANZUG
ARMBAND	BOX
MANTEL	SANDALE
KLEID	SCHAL
MODE	T-SHIRT
HANDSCHUH	SCHOEN
HUET	ROCK
JACKE	

38 - Ethics

```
I  R  R  R  E  M  K  S  Q  Y  H  E  J  U
N  E  A  A  Z  I  O  U  P  O  F  I  É  G
T  A  T  S  H  T  O  M  I  R  Z  H  M  Y
E  L  I  O  F  G  P  S  R  D  O  P  T  C
G  I  O  N  U  E  E  I  O  R  V  O  H  X
R  S  N  A  K  F  R  M  K  Q  U  S  C  B
I  M  A  B  Z  Ü  A  I  O  S  V  O  S  H
T  E  L  L  N  H  T  T  I  L  T  L  I  R
É  D  I  E  A  L  I  P  H  W  L  I  E  M
I  X  T  Q  R  M  O  O  T  C  H  H  W  X
T  P  Ä  D  E  X  U  E  I  W  S  P  J  C
H  O  T  Y  L  J  N  G  Ë  T  T  N  B  B
D  I  P  L  O  M  A  T  I  S  C  H  Ë  H
U  Q  J  G  T  G  E  D  O  L  D  L  A  M
```

MITGEFÜHL	OPTIMISMUS
KOOPERATIOUN	GEDOLD
GÉIF	PHILOSOPHIE
DIPLOMATISCH	RATIONALITÄT
SPROOCH	REALISME
MËNSCHT	RASONABLE
INTEGRITÉIT	TOLERANZ
GËTT	WEISCHT

39 - Insects

```
K  K  P  P  L  Y  B  Y  F  A  F  I  P  L
U  A  L  F  Ä  J  G  F  S  R  U  I  E  I
X  K  D  M  S  I  T  N  A  M  R  U  W  R
X  E  A  É  L  Z  P  K  J  C  I  F  K  M
D  R  P  R  I  E  M  E  D  A  K  I  Z  L
O  L  Z  S  X  S  C  V  R  E  C  G  L  I
A  A  X  U  E  S  C  H  C  L  A  V  M  B
K  K  U  A  N  W  I  H  U  Z  E  M  Y  E
L  E  K  L  E  B  I  J  L  D  I  K  T  L
A  U  E  T  I  M  R  E  T  E  A  H  N  L
R  A  P  T  B  M  Ü  C  K  E  C  H  K  E
V  K  H  A  A  M  E  I  S  E  W  H  A  Z
E  C  P  L  D  Y  K  Ä  F  E  R  F  T  B
A  H  W  B  P  Ä  I  P  E  R  L  E  K  S
```

AMEISE	DÉISCHLECHT
BLATTLAUS	LARVE
BIENE	MANTIS
KÄFER	MÜCKE
PÄIPERLEK	PÄIPERLEKS
ZIKADE	TERMITE
KAKERLAKE	WESPE
LIBELLE	WURM
FLAU	

40 - Astronomy

```
P  Ä  C  A  Z  E  Q  U  I  N  O  X  X  A
E  E  T  V  M  E  T  E  O  R  R  E  R  S
E  R  T  O  S  T  R  A  L  I  N  G  A  T
R  D  I  N  D  Z  A  L  Z  D  N  B  S  E
N  K  L  R  U  Q  M  Q  Q  F  M  P  T  R
O  B  S  E  R  V  A  T  I  O  U  N  R  O
O  M  Y  P  M  G  A  L  A  X  Y  S  O  I
D  T  N  U  O  M  N  E  B  E  L  N  N  D
P  Y  R  S  Q  T  I  É  K  A  R  W  O  W
R  Y  D  I  I  V  X  H  I  Q  E  Y  M  H
A  S  T  R  O  N  A  U  T  E  N  A  L  P
L  G  A  E  C  L  I  P  S  E  Q  V  D  X
O  M  S  O  M  S  O  K  T  R  F  P  M  P
S  T  I  E  R  K  R  E  I  S  P  C  C  U
```

ASTEROID	NEBEL
ASTRONAUT	OBSERVATIOUN
ASTRONOM.	PLANET
KOSMOS	STRALING
ÄERD	RAKÉIT
ECLIPSE	SAT
EQUINOX	HIMMEL
GALAXY	SOLAR
METEOR	SUPERNOVA
MOUNT	TIERKREIS

41 - Health and Wellness #2

```
D E H Y D R A T I O U N G E
M A S S A G E I Q S V G E R
O Z H V Z Y E T T E X E N H
G V F K L L I E K N U W E U
H P L K Y R R P E Z X I T E
N Y M R Q V O P I J B C I L
E I G R E L L A M D R H K U
L O D I P S A E O J I T A N
S V L O E D K F T E I É E G
T E H C V N I M A T I V T U
R P G G F O E E N E R G I E
E W Q T X S Y T A N I W E E
S D W T X E T L L E U Q M V
S E J S U G B L U T B T R B
```

ALLERGIE	GESOND
ANATOMIE	SPIDOL
APPETIT	HYGIENE
BLUT	QUELLTEXT
KALORIE	MASSAGE
DEHYDRATIOUN	ERHUELUNG
DIÉT	STRESS
ENERGIE	VITAMIN
GENETIK	GEWICHT

42 - Time

```
G N U D F W E J G D A W E A
B E B F E I É R F Y Q A L N
P D S E P K R E U A H G O N
J I J C T U A H D R I B J U
O E N W H U X D Z G W I S E
E M H J C W C C E T Z W S L
R Z Q B E K A L E N D E R L
D T F N U K U Z K U P H Y J
D A G N N E I O M O V G G Q
A P R O D Q A Y I M U L E K
X R S T H N K T W P W I R C
M D A S M I N U T T O T B T
P A N I S P V R M L C J M D
R S H M F V G G I M H W W U
```

ANNUELL	MOUNT
FIR	MOIEN
KALENDER	NUECHT
AUER	MEIDEN
DAG	ELO
DEKADE	GESCHW
FRÉI	HAUT
ZUKUNFT	WOCH
STONN	JOER
MINUTT	

43 - Buildings

```
C D R P Z I T E E K S R S U
H X E Y T K J R F I P L T B
W C G N M E A W Q N I E A H
S C H O U L C B K O D T D X
O H H T E E U W I O O K I C
L U S S S Y H O R N L R O K
H P L T U H C C M T N A N E
C O E U M O U V S J U M A I
S P K D E S H Z E L T R Z R
N L F R E T A E H T P E M B
A F K T N E M E T R A P P A
L Y G B K L E T O H Z U J F
S X N U O I T A V R E S B O
C C U P G A M B A S S Y S E
```

APPARTEMENT	HOTEL
SCHEUNE	MUSEUM
KABINN	OBSERVATIOUN
SCHLOS	SCHOUL
KINO	STADION
AMBASSY	SUPERMARKT
FABRIEK	ZELT
SPIDOL	THEATER
HOSTEL	TURM

44 - Gardening

```
F B C B K S K K F S A W W S
I L O L O E L G I C V H A A
I A N U M E I Z M H M V A I
C T T M P D M Q T A F Y S S
H T A E O S A E K U H U S O
T Ë I N S T H V I C M X E N
E L N S T F F F V H L H R A
G B E T E X O T I S K X C L
K G R R W P D W E Q U J B S
E D R A H C R O H G B Z S F
E Q Y U B U D F A Y S L L X
T X Y S Y S P Y H Q F F É U
H U N S T L S E C U Y E M I
J J T F O B E E R Ä Z W X L
```

BLÉI

ZÄRE

BLUMENSTRAUSS

KLIMA

KOMPOST

CONTAINER

SCHMUTZ

ESSBAR

EXOTISK

BLËTT

SCHAUCH

BLAT

FIICHTEGKEET

ORCHARD

SAISONAL

SEEDS

WAASSER

45 - Herbalism

```
D M V J K L V R G B J Q I F
N A R O J A M O R E K E N E
E P N E D T L S É N N X Z N
Z V W K D N A M N E U I W C
N Z C U A E V A G F E G H H
A B K Z G I E R O I W G O E
L R A I F F N I R Z E G G L
P J O S N A D N E I L A O S
R E M M I S E S G E E R U A
M G I E A L L P A L K D S M
U M N O S T I H N L S E Q E
C G Z L N M I K O R K N H N
E H E B J E V S U I G S K K
K U L I N A R Y K M Q B R G
```

AROMATISK
BASILIKUM
BENEFIZIELL
KULINARY
FENCHELSAMEN
GOUS
BLOEM
GARDEN
KNUEWELEK

GRÉNG
UM
LAVENDEL
MAJORAN
MINZE
OREGANO
PLANZEN
ROSMARIN
SAFIENTAL

46 - Vehicles

```
N I E W E R O L L Y K O N M
T B E I H E L I K O P T E R
G U D R N V M P N T B I T O
I N R W F C O Y E R E É T T
B N Y M R R Y E G A V K O O
O O D U I O T U A K Ë A L M
N O O D O A L X W T L R U W
F X R T B U S L N O K Z O H
C L P N E U E N E R E L R W
C U É B Z Z N V K R R U D D
L L G I M S T E N P U L Z P
M M R E E L P E A N N U X V
J V F E R R G L R T G H N I
T R U C K T E M K J Z U C H
```

FLÉIER	RAKÉIT
KRANKENWAGEN	ROLLER
VEEL	BOOT
BUS	BUNN
AUTO	NIEWEROLL
ROULOTTEN	PNEUEN
BEVËLKERUNG	TRAKTOR
HELIKOPTER	ZUCH
MOTOR	TRUCKT
DEE	

47 - Flowers

```
V S U S X F I C F M W L O U
W I O E H F Y S I A D A R P
L E O N I M S A J G L V C Z
O R N L N V W X E N R E H W
G K H Z E E L K W O A N I I
T Y O B A T B N Y L P D D A
G D M K V H T L X I I E E X
R U A U X Q N E E E L L E L
S S U A R T S N E M U L B I
V U H I B I S K U S T W G L
P F I N G S T R O S E V U I
R H G U I G K E F R F R W E
S G L K X J G G U M D E X R
T G A R D E N I E E E I L J F
```

BLUMENSTRAUSS
KLEE
DAISY
WENZAHN
GARDENIE
HIBISKUS
JASMIN
LAVENDEL

VIOLETTE
LILIE
MAGNOLIE
ORCHIDEE
PFINGSTROSE
MOHN
SONNEBLEM
TULIP

48 - Health and Wellness #1

```
R Y S F K H D F Z G E W F M
E M A X V A O R R W Y G I E
F S U Z Y U K A A W O X F D
L K A S J T T K I N I L K I
E E P V K S E T H C I É H Z
X L D I F E R U Y U S O I I
D E I R D I L R O E L P U N
A T K U A P E E H U N G E R
S T T S J A Z L N E V R E N
A H N O M R O H E L W E R D
L K A T I E H N H O W E G I
H Q T G K H D H X N M J R Y
U S Y I U T D Y Q V S T M M
X C Z V V B A K T E R I E N
```

AKTIV
BAKTERIEN
SKELETT
KLINIK
DOKTER
FRAKTUR
GEWOHNHEIT
HÉICHT
HORMON

HUNGER
MEDIZIN
MUSKELEN
NERVEN
APDIKT
REFLEX
HAUT
THERAPIE
VIRUS

49 - Town

```
B O A M B O O K S H O P Z J
Ä G P P U A M S T R N Z O I
C I T M D S J L R E I J O Q
K C I G D I E Z A T K N K R
E X É Q Q I K U A T K E Q S
R E T A E H T T M Z I F O U
E B I B L I O T E K N A B P
I B S I E U H D I L I H R E
O V R S T Q O U P C L H A R
W A E S O T Q H V L K C Q M
J D V O H Z K P C M Z U E A
T S I R O L F D G S N L H R
X B N G A L E R I E H F R K
D R U S P Ä I C H E R E N T
```

FLUCHHAFEN	MAART
BÄCKEREI	MUSEUM
BANK	APDIKT
BOOKSHOP	SCHOUL
KINO	SPÄICHEREN
KLINIK	SUPERMARKT
FLORIST	THEATER
GALERIE	UNIVERSITÉIT
HOTEL	ZOO
BIBLIOTEK	

50 - Antarctica

```
I  T  G  Y  W  F  R  T  F  Y  V  U  P  F
M  O  E  N  Ë  N  U  W  A  A  S  S  E  R
I  P  O  E  S  K  L  E  S  N  I  B  A  Y
G  O  G  Z  S  E  A  Z  R  J  K  Q  D  V
R  G  R  N  E  K  L  O  W  S  M  O  G  U
A  R  A  E  N  G  O  K  O  Z  C  K  T  E
T  A  P  R  S  W  L  N  W  R  J  H  L  L
I  P  H  E  C  S  N  E  T  H  V  X  E  Q
O  H  I  F  H  I  D  S  T  I  O  J  W  R
U  I  E  E  A  W  K  Z  I  S  N  B  M  S
N  E  O  R  F  R  O  C  K  Y  C  E  Ë  W
H  K  R  R  T  H  C  U  B  V  D  H  N  O
U  F  D  Ä  I  S  J  P  Z  N  H  G  E  T
Q  T  E  M  P  E  R  A  T  U  R  Z  N  R
```

BAY	ÄIS
VUEL	INSEL
WOLKEN	MIGRATIOUN
REFERENZEN	FUERSCHER
KONTINENT	ROCKY
BUCHT	WËSSENSCHAFT
ËMWELT	TEMPERATUR
GEOGRAPHIE	TOPOGRAPHIE
GLETSCHER	WAASSER

51 - Human Body

```
D T R I K P P A K E F G W K
M N E U S T H E K Ë F X T I
F A N G E R W K X D N A H E
M O N D W A C G F B A N C F
A U L E N L U W Y D V I I E
N O M G T U A H T Z B N S R
K B L U T X J N H H B Y E H
E E V D E H F I M Y Ä S G A
E L R E L L O H C S J R O L
L E C A E T U M A M S L Z S
D I U U K D E R N Q N B O J
S W L N S I R E I H E G E Z
N J K N I E U I E J W O S E
L I K S D P H N U Y A T E K
```

ANKEEL   KAPP
BLUT   HÄRZ
SKELETT   KIEFER
GEHIER   KNIE
KËNN   BEE
OUER   MOND
IELEBOU   HALS
GESICHT   NEUS
FANGER   SCHOLLER
HAND   HAUT

52 - Musical Instruments

```
P E O E N I L O D N A M E N
H E H A R F E B R A T I G T
O N R F G P R L U F L X G O
H U Z K B S A B M I R A M V
L A J H U Z I W Q V U L O X
S S D A U S I Q K G Z X B J
C O F L R C S P Z S E A O T
H P T T T E N I R A L K E A
R S C R N Q A N O N A I P M
A S F E O O R P G N O G S B
U A A D L M U G F C P R D U
B B R H D L P Z O A N W V R
E H Z N A F O E I Y U B L I
N U S S A B E B T C P X H N
```

HOHLSCHRAUBEN
BASSUN
CELLO
KLARINETT
DRUM
FL
GONG
GITAR
HARFE

MANDOLINE
MARIMBAS
OBOE
PERKUSSION
PIANO
TAMBURIN
BASSPOSAUNE
TROMPET

53 - Fruit

```
K M V E B M K U G W W M M K
A I B H C S I I P E V A U G
L R R J W F W I S N A N A I
T V F S T U I H C F H G I L
S X Y Q C M K D Y O X O M B
B I R N E H M E L O U N D Z
Z A B Y Q T E H L E H A V T
H I N E K T A R I N P N L U
A P T K L L N A T O E A C X
M A C R T B S Y S O B B Y B
B P M Z O D A C O V A J F V
I A W M W N A J K U M F Z T
E Y R R E B E S O K I R P A
R A D R A U F Q K C Z Z O I
```

APEL   KIWI
APRIKOSE   ZITRONE
AVOCADO   MANGO
BANAN   MELOUN
BERRY   NEKTARIN
KIRSCHE   PAPAYA
KOKOS   PIISCH
UM   BIRNE
DRAUF   ANANS
GUAVE   HAMBIER

54 - Engineering

```
S F Q T R Q L V B A M B V B
T K W Q E E Ö B A A A E H R
A A F M S N L T U C S R I P
B G N U S S E I M H C E E F
I Z A E E L S R F S H C W L
L T J E I D E T G J I H E Ë
I R E U M J I T E I N N L S
T Z Q M H T D A T D E I E C
É I Z A C Q G A G K K N U H
I F F I R D N U U R R G Z T
T O L L E G N E B D A A C E
N U Z E U T V R O T O M F Z
I I O X D D É I F T K E M T
V E R D E E L U N G O Q A V
```

ENGEL   ENERGIE
ACHS   HIEWELE
BERECHNING   FLËSCHT
BAU   MASCHIN
DÉIFT   MIESSUNG
DIAGRAMM   MOTOR
DUERCHMIESSER   UNDRIFF
DIESELÖL   STABILITÉIT
VERDEELUNG   KRAFT

55 - Kitchen

```
S D B M G R Z E N G K Y Q Y
C T Q D W R F R I G O E N U
H S K E F G I B A D R W B R
W C L L H I L L U P N L S Z
A H U N M D A Q L Q E F Q K
M O K E T T E L U O H C S M
Z R N H Z F G W X R C F B A
D T O C G N O Y V E S R A T
N Q Q B W B D R N S Ë I C U
E C W Ä C M G K K C L E K V
P T G T B A B R R H C Z O D
H T T S F O E O D T U E F E
S E R V I C E U Q Z P R E M
V B M M E S S E R Q I G N D
```

SCHORT
SCHOUL
STÄBCHEN
CUP
MAT
FORK
FRIEZER
GRILL
KROU

KETTEL
MESSER
SERVICE
BACKOFEN
RESCHT
FRIGOEN
RZEN
SCHWAMZ
LËSCHEN

56 - Government

```
R Z M G E U O R U L G Z S V
S I T J L K U A E E E I T E
Y N E C L Ä K Q X I S V A R
M O P D E B I X O D E I T F
B I D U F V T C Y E T L B A
O T A W W I I R H R Z C S S
L A I U Q H L U E H B Y B S
T N E M U N O M M C E O D U
K H Q Y K B P L O S H E D N
D E M O K R A T I E T T T G
L I B E R T Y X M Z P P E Y
G E R E C H T E G K E E T R
G E R I C H T L I C H K K G
B I E R G E R S C H Ä F T J
```

BIERGERSCHÄFT
ZIVIL
VERFASSUNG
DEMOKRATIE
GLÄICHHEET
GERICHTLICH
GERECHTEGKEET
GESETZ
LEIDER

LIBERTY
MONUMENT
NATION
ROUEG
POLITIK
RECHTER
RIED
STAT
SYMBOL

57 - Art Supplies

```
X K W W W N A T I N T E M A L
L K A I U A L E I M H T Y C
C R W M J R A I I J C F G R
Y E A M E S Q S Y O S I I Y
T A S U M R W S S D Ë T I L
S T S G C E A Ë V E B S D Q
X I E R N I T L J I R I E E
T V R E G P X F E G X E E Y
A I F I D A P E W U R L N D
B T A D H P S W D H C B G Z
E É R A S L J E R U E L E G
L I B R S W G I U M J Q S S
Z T E L A C A N T U H I X Z
X H S T A F F E L E I X T O
```

ACRYL
BËSCHT
KAMERA
HL
NIEWEFLËSS
KREATIVITÉIT
STAFFELEI
RADIERGUMMI
LEIM

IDEEN
TINTE
UELEG
PAPIER
BLEISTIFTE
TABEL
WAASSER
WASSERFARBE

58 - Science Fiction

```
C I M O T A L U F J K E R E
I Z L T P L L T I F K I Ä I
U S R L G K O O R V F G N P
D Y N L U V V P K Y M O I O
K M K E F S S I X Z E L G T
D R B K O A I E S Z C O A S
G A L A X Y N O X H H N M Y
E X T R E M M T U Z E H I D
O O Y O W Y I E A N R C K C
W S P J E O E N K S N E B J
G K Z G L L H A K M T T A Z
Q M S N T Z E L O Y R I G V
I V R C T U G P A S U O S I
R O B O T E R J Z F X R F K
```

ATOMIC
CHERN
KINO
DYSTOPIE
EXTREM
FANTASTISK
FIR
GALAXY
ILLUSIOUN

IMAGINÄR
GEHEIMNISVOLL
ORAKEL
PLANET
ROBOTER
TECHNOLOGIE
UTOPIE
WELT

59 - Geometry

```
K D U E R C H M I E S S E R
H R U E W E R F L Ä C H B B
O E E I R T E M M Y S Q T F
R N I E B E R E C H N I N G
I G R G S B J B N C T H I Z
Z E O I U Y T U U N D E E L
O L E L C C K U O U H M D E
N L H Y F F I T I O É E R U
T H T N E M G E S I I D I Z
A L W R C F O A N T C I E Q
L V Y S M X L B E A H A E N
P A R A L L E L M U T N K C
V D V U M A S S I Q V E E E
R Y H Y K K W V D E J A L R
```

ENGEL
BERECHNING
KREES
KURV
DUERCHMIESSER
DIMENSIOUN
EQUATIOUN
HÉICHT
HORIZONTAL
LOGIK

MASS
MEDIANE
ZUEL
PARALLEL
UNDEEL
SEGMENT
UEWERFLÄCH
SYMMETRIE
THEORIE
DRIEEKEL

60 - Creativity

```
F  Ä  E  G  K  E  E  T  T  N  A  X  U  A
I  I  I  C  J  I  K  B  I  L  D  F  Z  U
N  N  N  P  N  I  T  N  É  G  T  X  B  T
V  T  T  H  C  K  K  S  T  V  J  R  E  E
E  U  E  A  N  E  N  O  I  T  O  M  E  N
N  I  N  N  U  U  A  R  T  A  A  V  T
T  T  S  T  O  R  O  U  A  Z  R  N  I  I
I  I  I  A  I  M  I  S  L  E  E  A  T  Z
V  O  T  S  T  L  S  D  K  S  H  T  A  I
P  N  É  I  A  H  I  R  E  A  M  N  L  T
J  E  I  E  S  J  V  O  U  Y  R  O  I  É
U  E  T  O  N  O  D  C  J  G  B  P  T  I
Y  D  I  D  E  U  F  K  E  Q  U  S  Ä  T
C  I  H  C  S  I  T  A  M  A  R  D  T  V
```

ARTISTIK	INTENSITÉIT
AUTENTIZITÉIT	INTUITION
KLARITÉIT	INVENTIV
DRAMATISCH	SENSATIOUN
EMOTIONEN	FÄEGKEET
AUSDROCK	SPONTAN
IDEEN	VISIOUN
BILD	VITALITÄT
PHANTASIE	

61 - Airplanes

```
C R E W P P H I M M E L T Y
P I L O T A R O T O M V I E
I G K B A U S O J R H E Y T
D E S I G N H S P C Y A R F
O U R W C Q Y P A E G S B G
H É I C H T C S E G L O F S
S J R Y E O Y I I H I L C S
H I S T O R I E L L Z E E J
L E O M G N U D N A L S R R
O Z B R V K J T P H Ö C H T
F O F S T I G D N O L L A B
T M N E R O Z R H E X C U T
B R E N N S T O F F V H R K
A T M O S F Ä R G F U A Y Q
```

AVENTURE	MOTOR
LOFT	BRENNSTOFF
HÖCHT	HÉICHT
ATMOSFÄR	HISTORIE
BALLON	LANDUNG
BAU	PASSAGIER
CREW	PILOT
OFSTIG	PROPELLER
DESIGN	HIMMEL

62 - Ocean

```
V Y Q K L Z L A A P Q I V K
S H U R T U N N U L A W G O
C S A A M M I A H S G Z N R
H U L K A Y H L V F T E W A
W Q L E Y K P S A L Z E P L
A G E B S F L S T U R M R L
M W E F H E D O P G F G E
Z G R Z V C D T I J U A A N
P B M H Ä S S B W L O T R E
E Y E F I R S Q T F S N G
Y D D D L F T V Q I D G E L
M K U O M S L E K C E D L A
K R A B B E T H N Q T Y E F
S W X G F K P X J F S C Q H
```

ALGEN
KORALLEN
KRABBE
DELPHIN
AAL
FISCH
QUALLE
KRAKE
AUSTER
RIFF

SALZ
ALGE
HAI
GARNELE
SCHWAMZ
STURM
GEZÄITEN
TUNN
DECKELSMOUK
WAL

63 - Force and Gravity

```
U T H C I W E G D O M R M U
G E S S E T I V R Y E M K N
N Y R G E N K K O J C Z I I
U M M F Z P T L C Y H Z D V
K E D L I S S R K V A D I E
C T Z C B M T V E W N Y S R
E X P A N S I O U N I N T S
D O B U D Z E I L C K A A E
T H I W A V Z N E G I M N L
N Z E S X C K J N O S I Z L
E Y E I V S H R X O Y S C Y
R L O R B I T S X D H C D Q
E E G E S C H A F T P H X K
M A G N E T I S M E N A P Z
```

ACHS
CENTRE
ENTDECKUNG
DISTANZ
DYNAMISCH
EXPANSIOUN
MAGNETISME
MECHANIK

ORBIT
PHYSIK
DROCK
EEGESCHAFT
VITESSE
ZEIT
UNIVERSELL
GEWICHT

64 - Birds

```
P T G V L E B H I D I Q Z R
E O U B D W R D S N O N X E
L U A S W A N E R A N A K I
I C H I S H B F P Q S D C H
K A S Ä P T N Z K A L X U E
A N H G C T O E O V V N K R
N I U G N I P R U H U O J E
P A H S J T G M C S I J R L
I X N E T N E B Q H X V M D
Z R V R S R E U A P S H C A
K R Ä H F S U D O U W E N N
P A P A G E I U X A I E V A
F L A M I N G O S F C Z Q W
R V U C F Z N Q N T W D Y X
```

KANAREN
HUHN
KRÄH
KUCK
DOUWEN
ENTE
ADLER
EEG
FLAMINGO
GÄIS

REIHER
STRUUS
PAPAGEI
PAVO
PELIKAN
PINGUIN
SPAUER
STORCH
SWAN
TOUCAN

65 - Nutrition

```
Z H X T J R S N V G Q G K A
L Y Q O L X O Ä E Ä U E O G
H A H X W K U H R R A W L E
B D R I R A S R D U L I H S
M R I N U L G S A N I C Y O
A Z A É O O O T U G T H D N
V U V U T R U O U O É T R D
P I S A U I S F N D I O A H
Z M T G D E Y F G N T G T E
A F Z A E N I E T O R P E E
K Y A Y M W R A B S S E E T
F X S E D I O H Q E I U H W
J E R E M Y N G Q G H A R W
M V Y T D T I T E P P A G N
```

APPETIT

AUSGEWOGE

JEREMY

KALORIEN

KOLHYDRATE

DIÉT

VERDAUUNG

ESSBAR

GÄRUNG

GOUS

GESONDHEET

GESOND

NÄHRSTOFF

PROTEIN

QUALITÉIT

SOUS

TOXIN

VITAMIN

GEWICHT

66 - Hiking

```
K S L E F M T O N O J B N M
Q N E K R A P P I L K I A B
F U A Y T I A T E H F E T Z
R O K Y E A Z T T K Z R U W
C I S K R G A M S I A G R S
Q T T Z E J D B Y T J A P T
C A M P I N G S P L A Z R Z
W T S B É K M F N L M Y N T
A N B B D L L X F Ë I T N Ë
A E J C R F E I W W D D Y P
S I X A D T Z M M O D B V S
S R E I É W H C S A S O N N
E O V I R B E R E E D U N G
R S T I W W E L E A O F K V
```

DÉIER	ORIENTATIOUN
STIWWELE	PARKEN
CAMPINGSPLAZ	VIRBEREEDUNG
KLIPP	STEIN
KLIMA	SPËTZT
SCHWÉIER	SONN
KAART	MIDD
BIERG	WAASSER
NATUR	WËLLT

67 - Professions #1

```
A A S C H N E I D E R M J R
C M D Ä N Z E R U M P A E R
G B K A R T O G R A P H W W
K A R H A B M I C P E S E Q
Q S S R X V A I O M P D L R
P S N E B G O N L O R N L E
L A X T D O U C Q I O X E N
U D W K Z L P Y A U T G R I
M E G O L O E G N T I A M A
M U E D Q H A S N Q D E N R
E R E T H C E L K W E O R T
R S S M R Y H M U S I K E R
J E E Ë R S A S T R O N O M
H L O Q H P P I A N I S T D
```

AMBASSADEUR	JEEËR
ASTRONOM.	JEWELLER
AVOCAT	MUSIKER
BANQUIER	KLECHTER
KARTOGRAPH	PIANIST
TRAINER	PLUMMER
DÄNZER	PSYCHOLOG
DOKTER	MILITANT
EDITOR	SCHNEIDER
GEOLOG	

68 - Barbecues

```
H O M D W I F S J S K F Y U
Y G Y E V E M O K A S M D L
X H H L S N V U F L F Z E U
G R I L L S P S R Z Y O Y P
A E B I M H E S Ë E D L R V
U N W M H U H R N D N U L K
J I P A F H G X N I J N S Z
U D O F C N S U M M E R A A
W A A R M N I W M U T E T K
T O M A T E É O D U A G K I
I E R T U R M R K X L N V S
J V D V O Z E I O R A U D U
L G D M A T G S S U S H V M
F R U U C H T G I E S S L F
```

HUHN
KANNER
DINER
FAMILL
MAT
FORK
FRËNN
FRUUCHT GIESS
MVP
GRILL

WAARM
HUNGER
MESSER
MUSIK
SALATE
SALZ
SOUS
SUMMER
TOMATE
GEMÉIS

69 - Chocolate

```
C B V C X F D F H X I T H J
K O K O S I É S A F K G Z L
Q I L A D K J Q D V C D N S
F U J E R E M Y Y A O M Q D
O Z A K G X E Y C V U R L A
N W R L E M A R A K U E I F
D R K S I T O X E X Z K W T
U M R S X T Z C V E A C P H
E L K U C H É U K G J U I C
H P A N I C D I M H E Z O S
L C K D M S Y Q T W O R X E
T E A R N E I R O L A K R R
F K O E D L H I D A Y Y F D
G W Y S P L S C G O U S U V
```

JEREMY	GOUS
KAKAO	UM
KALORIEN	ERDNUSS
KARAMEL	QUALITÉIT
KOKOS	RESCHT
LESCHT	ZUCKER
EXOTISK	SÉIS
FAVORIT	FONDUE

70 - Vegetables

```
B A D L V M P V Q H Q E P G
L D R Z A X E O P C Z E E S
U B L T A L A S L S O G T B
M N F E I S N C I I I P E K
E S B R E S P U Q D V L R A
N K A O K I C I H A T A S R
K E H N R B Y H N R E N I R
O L U U R F L O A O T L O
H E H R G Ü K S J C T Q I T
L W I L O K K O R B K F E X
G E I R E L L E S C P E E N
W U T R O P P E L W B K K X
I N G W E R E N N Ë T S D J
L K S C H A L L O T A M O T
```

ARTISCHOCKE	ËNNER
BROKKOLI	PETERSILIE
KARROT	ERBSE
BLUMENKOHL	KÜRBIS
SELLERIE	RADISCH
GURKE	SALAT
EEGPLANT	SCHALLOT
KNUEWELEK	SPINAT
INGWER	TOMAT
OLIV	TROPPEL

71 - Boats

```
K A N N C I R M A S T L S N
B E V Ë L K E R U N G Z E A
A Z E O O O I O B U E T E U
U N J O H Z M T W N D O L T
L W K K E O O B V O O D I
V C Q E F A Y M S E N B W S
E X V C R N Y A B I V L H C
M R Y C R E W A C D W E B H
M I L I T A N T K H G G D T
J H X L R V U H S E T E E P
W E L L E N P Z F I É S E S
P R K P F L U T O E I O F N
E L R G M V Y M X B A L O W
U I N Q R X S X U I Z F I W
```

ANKER	OZEAN
BUET	DEE
KANN	FLOS
CREW	SEEL
MOTOR	SEGELBOOT
BEVËLKERUNG	MILITANT
KAYAK	MIER
SÉI	FLUT
MAST	WELLEN
NAUTISCH	YACHT

72 - Activities and Leisure

```
T L N I N G S B T R C B S H
F Q W Y K Y A T G V H A C E
V S U R F E N R X A P S H C
F U S S B U S T D M K K W A
I A H Q N R B E R E Y E A M
T D A U E R Z O B H N T M P
K O N S C H T B X C E S M I
V O E V R E A A L S R E E N
X G X Q S J L S Q E E T N G
H H A P E U P E C N I O T S
Q M L M V L F B I Q E Q A P
W V E G S Y L A D G W F P L
J V R H U Q O L O R E E S A
Z B Q W R K G L V X A K H Z
```

KONSCHT   GOLFPLATZ
BASEBALL   WEIEREN
BASKET   RELAXEN
BOX   FUSSBUS
CAMPINGSPLAZ   SURFEN
DAUER   SCHWAMMEN
SCHEMA   REES
GARDEN

73 - Driving

```
O Z P G N A C C I D E N T S
E T Z D E C I L O P E G M B
Q I H O F F C S G C Q Q C Q
V D I T A T O T U A N O G P
O A N E S M E R B T R A A K
F O U S S G Ä N G E R A K U
V R Y S X X V L N T M I G V
K I F A R T Z K Y R O B T E
N Y T G O P N K G U T O P N
I P L E Q I U V T C O L X I
C F Y A S Q B U O K R J Y C
C Q F S A S T Y F T J K W E
T U N N E L E T R E I B E R
M O T O R R A D L I Z E N S
```

ACCIDENT	MOTORRAD
BREMSEN	FOUSSGÄNGER
AUTO	POLICE
GEFOR	ROAD
TREIBER	SAFE
GARAGE	VITESSE
GASS	TRAFIK
LIZENS	TRUCKT
KAART	TUNNEL
MOTOR	

74 - Professions #2

```
C F A I N G E N I E U R U Z
H O A S T R O N A U T E A U
I T Z R A N H A Z D L S I U
R O V T Y C O B M A L E R S
U G S S Q D S I B A U E R E
R R K I É H T O I L B I B L
G A U L V E P L D S W Y P D
N F G A I W V O Z O E W U E
H R E N T R Ä G S O K W S N
H T N R K F R Z P O O T M G
U K A U E F I C U M L L E B
P I L O T B O W F V R I O R
F R I J E L É I E R I N H G
N L Y F D E R F I N D E R P
```

ASTRONAUT
BIOLOG
ZAHNARZT
DETEKTIV
INGENIEUR
BAUER
GÄRTNER
ERFINDER
JOURNALIST
BIBLIOTHÉIK

ZU USELDENG
MALER
PHILOSOPH.
FOTOGRAF
DOKTER
PILOT
CHIRURG
LÉIERIN
ZOOLOG

75 - Mythology

```
K  D  L  B  H  I  M  M  E  L  M  D  M  A
A  N  E  L  A  H  R  E  V  L  J  O  F  R
T  A  C  Ë  S  E  E  C  H  E  C  C  Z  C
A  R  E  T  S  N  O  M  Q  R  T  E  M  H
S  E  H  T  F  L  A  B  Y  R  I  N  T  E
T  N  C  K  R  A  K  R  E  A  T  U  R  T
R  N  A  K  E  M  R  U  T  L  U  K  F  Y
O  O  R  C  V  W  J  K  H  O  A  D  A  P
P  D  B  E  R  Z  E  U  G  U  N  G  E  N
H  W  G  W  S  C  H  A  F  U  N  G  T  G
Y  P  T  A  J  A  L  O  U  S  I  E  C  G
D  L  U  P  Y  V  H  E  L  D  U  Y  N  E
H  Z  G  S  K  R  I  E  G  E  R  U  K  B
A  U  T  W  F  I  A  J  G  C  R  U  G  D
```

ARCHETYP	LABYRINT
VERHALE	SEECHE
BERZEUGUNGEN	BLËTT
SCHAFUNG	MONSTER
KREATUR	SPAWECK
KULTUR	RACHE
KATASTROPH	KRAFT
HIMMEL	DONNER
HELD	KRIEGER
JALOUSIE	

76 - Hair Types

```
F L E C H T E N M K O R T I
I D P G P G I P Ë G C Q T K
L J W R J S V E L I T E Ë L
A Z X T J I K M L M K V N B
Y Y I A K B L O N D G T H E
S K K L A P C O M N O L C W
E C T Q H D Ë N N O K T S U
N E H O L K E K H S G R O C
I D F W O G U E G E L R U C
O H F M A I I R A G N A L R
L Q F P K A X B L W Ä I S S
D R Ë C H T R J S E J V T T
O K D N Z N E Z P Y N J Z X
M Z V W G L A T B R O N G S
```

KAHL
SCHWAARZ
BLOND
FLECHTEN
BRONG
KURLEN
CURLEG
DRËCHT
GRO

GESOND
LANG
SCHNËTT
KORT
GLAT
MËLL
DECK
DËNN
WÄISS

77 - Garden

```
H C I E T E I K G Z N H O Y
C A Q G N E B H H A Q G X G
S F Q K T G R Y C E R E X G
U X Q V M A B R U Q C D X H
B P C E L R I Z A E Q W E Z
D L F T D A G B H S D G K N
J X V T F G J P C I S A A E
Q P W A W G S X S J C S R F
T R A M P O L I N P F Y B W
U E C E A G U L Z F B Z L Z
V D H G L V O K T G U Q O K
S I I N V X H P N C R D E A
L E Y Ä H U C L K Y Q A M F
G W X H W M S T X C Z O S Y
```

BENG	SCHAUCH
BUSCH	TEICH
FENZ	RAKE
BLOEM	SCHOUL
GARAGE	TERRASS
GARDEN	TRAMPOLIN
GRAS	BAM
HÄNGEMATTE	WEIDER

78 - Diplomacy

```
K S J X L T B J D X G O A C
I W C K Ë I V T A W E P M O
T R L V S É K B Y U R L B N
I E Z C C T K I H T E É A S
L N E L H I U E V A C I S E
O N T H T R R R C Y H S S I
P Ä R V R G J G B E T U A L
T L A G N E M E G A E N D L
F S T E M T H R X M G G E E
O U É S B N K C Q B K V U R
N A I M K I P I É A E A R D
K O N F L I K T R S E O Q U
R E G E R I N G E S T Q U W
D O K U M E N T U Y V L U E
```

CONSEILLER
AMBASSADEUR
BIERGER
GEMENG
KONFLIKT
AMBASSY
ETHIK
AUSLÄNNER
REGERING

DOKUMENT
INTEGRITÉIT
GERECHTEGKEET
POLITIK
OPLÉISUNG
SÉCHERHEET
LËSCHT
TRATÉI

79 - Beach

```
A K I W F K T O O B Y K T U
B W J N T V O L L O Z E A N
C I U U S D O B B S W W X N
D R S G Ü E B B A R K Q P O
U I J A K U L G A E H V Y S
I V R L A U E J F I M R H X
A A V S H F G H Y M H Q C C
A K V N C C E I N T D V S A
R A W T U H S S A N D A L E
Q N E K D I E Q Y V I N T T
A Z R M D M W N Y T B I A O
H Q D Y N B R D T T V H M S
N K F T A U Z A P K U K M C
R I F F H R T U Q M P T L B
```

BLO	SEGELBOOT
BOOT	SAND
KÜST	SANDALE
KRABBE	MIER
INSEL	SONN
LAGUN	HANDDUCH
OZEAN	DIRSCHEN
RIFF	VAKANZ

80 - Countries #1

```
V G C A X D S E N E G A L F
S E B R A S I L I E N P Q G
J P N E I L A T I E Q T X X
Z V U E I S R A E L O U U F
A I M E Z L E T T L A N D G
N E W I N U K C Y K K E N G
A T T R E I E A D K M Y N M
S N U A I I E L N A S B O A
T A N K N I K N A A G I R R
A M F U Ä U D E L M D L W O
S L S P M A Q L N A Q A E K
I Y S M U M U O N N A E G K
O X U H R J Y P I A H P E O
D Ä G Y P T E N F P P I N Y
```

BRASILIEN
KANADA
ÄGYPTEN
FINNLAND
IRAK
ISRAEL
ITALIEN
LETTLAND
LIBYEN
MAROKKO

ANASTASIO
NORWEGEN
PANAMA
POLEN
RUMÄNIEN
SENEGAL
SPUENIEN
VENEZUELA
VIETNAM

81 - Adjectives #1

```
I  H  Ë  L  L  E  F  F  U  L  A  E  G  O
D  B  N  G  E  T  H  C  I  W  T  X  L  U
E  W  E  I  O  R  V  R  L  A  T  O  É  A
N  C  D  Z  É  X  M  X  Z  V  R  T  C  R
T  H  T  I  K  H  A  B  G  M  A  I  K  T
I  L  U  E  S  Y  C  V  Q  D  K  S  L  I
S  V  L  G  I  V  F  S  X  W  T  K  E  S
K  I  O  R  T  H  C  S  I  É  I  F  C  T
W  L  S  H  A  V  M  Y  B  G  V  R  H  I
Ë  L  B  E  M  M  O  D  E  R  N  H  K  K
S  E  A  L  O  L  M  K  M  Q  A  N  W  W
C  N  R  J  R  C  T  E  R  N  S  T  Ë  N
H  I  S  D  A  S  C  H  W  É  I  E  R  D
T  B  Z  E  I  G  S  D  O  N  K  E  L  F
```

ABSOLUT	SCHWÉIER
EHRGEIZIG	HËLLEFFUL
AROMATISK	ÉISCHT
ARTISTIK	IDENTISK
ATTRAKTIV	WICHTEG
SCHÉIN	MODERN
DONKEL	ERNST
EXOTISK	LUES
VILLEN	DËNN
GLÉCKLECH	WËSCHT

82 - Rainforest

```
G M I C A L E I B I H P M A
N A T U R Y I N W W I R J R
E M I S L A A Z Ë W N Z F S
M I É R T V H J S E S U Q Q
E L T V U E L A C R E F T M
G K I K S M R J H L K L Y H
R X S Q H O R Ä T I T U R S
X K R Z N O Y W Z E E C C Q
W U E N G S L H D W N H Q W
O L V C T K E P S E R T K S
L U I U G E T I E R E N U P
K V D R E F E R E N Z E N Q
E R E S T A U R A T I O U N
N H X B V A B V X V M T T S
```

AMPHIBIE
VUEL
ZÄRE
KLIMA
WOLKEN
GEMENG
DIVERSITÉIT
INSEKTEN
UGETIEREN

MOOS
NATUR
REFERENZEN
ZUFLUCHT
RESPEKT
RESTAURATIOUN
IWWERLIEWE
WËSCHT

83 - Technology

```
H W E L J I I E M I L C S D
O D K F P R N G M M Q U É V
M K I T S I T A T S B R C I
E D D Y R W E R R B Z S H R
P T A Y J Y R E E C Y O E U
A F R T I S N M S R É R R S
G Y F P E N E A W D U G H H
E U M F G I T K O A O A E P
C O M P U T E R R T X T E U
K Z V R A B H Q B E H C T S
Z W B E D B Y D I G I T A L
Q S Z B L O G T Y D A M N J
S O F T W A R E E L V I N B
L I X U E D M Q Y I N F W Y
```

BLOG
BROWSER
BYTE
KAMERA
COMPUTER
CURSOR
DATE
DIGITAL
DATEI

INTERNET
HOMEPAGE.
ÉCRAN
SÉCHERHEET
SOFTWARE
STATISTIK
MEI
VIRUS

84 - Landscapes

```
J J J L L A F R E S S A A W
Q R P C F H M G F O T F Q A
B Q L P N Q E H E W Y E J K
H E G K U S U M P F B D B Q
E O U E R J E Q P W I O Z C
S T R A N D T V B Z E J U H
F C H T Z R B U N E R W A A
A J I M I E R L O F G Q J L
R Y E S É I E K A I L T T L
D O L A S Z S A S N L O V I
N H B O F A I N P S A A S N
U H C I A L E V M E D U E N
T D U N N G G Q B L W U K E
O Z E A N H I L L B E A U L
```

STRAND	OAS
HIEL	OZEAN
STE	HALLINNEL
GEISER	FLOS
GLAZIER	MIER
HILL	SUMPF
ROBIN	TUNDRA
INSEL	DALL
SÉI	VULKAN
BIERG	WAASSERFALL

85 - Plants

```
B K E X R M V J B X F K D R
B C S B U S C H O L O L X W
B O U G A R D E N Q Ë B F A
A F T J V M R E Z R L T P L
M C K A Q R E G N Ü D F T D
B P A A N L L K Z B T L M H
U U K N T I L X B B A N E N
C C A X L É E M U L R I G G
M O O S R L Z A F R O J I S
Z U W X B B M F G O L E S N
E F E U T X M P E O F I M N
B E R R Y B A L J T B A M M
G S N U O I T A T E G E V L
O J B V W T S A R G Z Z V S
```

BAMBU	BLËTT
BANEN	WALD
BERRY	GARDEN
BLÉI	GRAS
BOTANIE	EFEU
BUSCH	MOOS
KAKTUS	ROOT
DÜNGER	STAMMZELLE
FLORA	BAM
BLOEM	VEGETATIOUN

86 - Boxing

```
B E L L G S Z A H O V L H U
B O L Y É K Ä M P F E R A I
W L J X I I V Y R A L B N T
D W L N G F N T C U K Z D Y
Z K K G N U L E U H R E S K
F R G H E G R J N W D C C Ë
Q U U L R E P R E I K K H N
S C S E R S C H Ö P F T U N
V S A T F A R K I E I E H Q
F Ä E G K E E T R I L N J M
D Y O G T C I S C L T G S P
Q O N U B W I I E L E B O U
Q J D Z O S U K O F Y B R R
O A R B I T T E R L B C Q T
```

BELL
KIERPER
KËNN
ECK
IELEBOU
ERSCHÖPFT
KÄMPFER
FUST

FOKUS
HANDSCHUH
KICK
GÉIGNER
ERHUELUNG
ARBITTER
FÄEGKEET
KRAFT

87 - Countries #2

```
N E M A R K S W K D V U H U
P Q G U M K Y Y M L V T A G
E N V K H R B N R E V G Ï A
E V K R N E P A L I X W T N
A Z J A A K V T Ä I E I I A
U L J I D L A S T N I N K F
N S B N U V E I H C K M E O
I L Q A S J A K I A M A J S
G A C L N B I A O K L O T O
E O W N A I N P P R L I C M
R S O M P N E K I Y T F J A
I K C V A S K N E C S G Q L
A P M W J T N O N A B I L I
R U S S L A N D Y P P I I A
```

ALBANIEN   NEPAL
NEMARK   NIGERIA
ÄTHIOPIEN   PAKISTAN
HAÏTI   RUSSLAND
JAMAIKA   SOMALIA
JAPAN   SUDAN
KENIA   SYRIEN
LAOS   UGANA
LIBANON   UKRAIN
MEXIKO

88 - Adjectives #2

```
V K Y E C Y R J I R N F W W
N A T U R E L L Y C W A A Ë
K W S Y K R E A T I V L A L
T R N W Q V W Z K E T H R L
N G E S O N D I D L B C M T
A K S T V I T P I R K S E D
S I E W S A I L Q W Ë S O Z
S L I H U N G R I G V C I L
E E L B A S N O P S E R H O
R G U O J B E R U M T N V T
E L E G A N T K S B L J E S
T G I F T É I E R T A J U I
N P R O D U K T I V S X Z L
I J A S S T Z W D A U N O O
```

LIESEN	INTERESSANT
KREATIV	NATURELL
DESKRIPTIV	NEI
DRËCHT	PRODUKTIV
ELEGANT	STOLZ
BERUMT	RESPONSABLE
GIFTÉIERT	SALT
GESOND	SCHLAF
WAARM	STERK
HUNGRIG	WËLLT

89 - Psychology

```
G N U T R E Ä W E B A X L S
E E N U O I T A S N E S Z U
M M U E L M X H E M L K W P
O M O Y E N E R T E T A T E
T E I H C S I N I L K N H R
I R T T Ë G P E É B I D E H
O D P A P S C H T O L H R E
N B E L V Q K M I R F E A L
E G S O W D M U L P N E P D
N C R N C X Q N A K O T I N
D V E K K F X G E K K E E V
S V P I D E E N R V M C M N
P E R S O N A L I T É I T J
V E R H A L E T R D Z L I W
```

BEWÄERTUNG	IDEEN
VERHALE	PERSEPTIOUN
KANDHEET	PERSONALITÉIT
KLINISCH	PROBLEM
WAHRNEHMUNG	REALITÉIT
KONFLIKT	SENSATIOUN
DREMMEN	THERAPIE
SUPERHELD	GËTT
EMOTIONEN	

90 - Water

```
D C N G T P P D L H F A N M
Ä U P O S T T O T U F L U S
P I E W X B E U K R K S O Y
D C S C V R E S O R C C I S
T R D G H W K C Z I G T T L
K A N A L T G H E C Y L A M
O Y Z S É I E Z A A K U G O
G E I S E R T R N N O G I N
S N O N R T H R E H I Y R S
C L D A M P C L T N E E R U
H T U X A V I C O J L S I N
N P X F G T I W E L L E N I
É H B U O L F O C S B R Z K
I V E R D U N S T U N G O E
```

KANAL	MONSUN
VERDUNSTUNG	OZEAN
DUECHTEREN	REEN
GEISER	FLOS
FIICHTEGKEET	DOUSCH
HURRICAN	SCHNÉI
ÄIS	DAMP
IRRIGATIOUN	WELLEN
SÉI	

91 - Activities

```
X C S H M H L T Y F L I P A
Y I M C Y A C S F L O F K K
D N V T H F G J L E O W O T
J U P F G E I I A I Y W N I
M O C C K H M F S S E N S V
K I J F J U K A Z C V P C I
T T H C S I É R F O H L H T
C A M P I N G S P L A Z T É
C X F C T N E S E I L O X I
Y A F G R E W E I E R E N T
P L T G P D F Ä E G K E E T
U E I F A R G O T O F J A N
I R K M P A K J A C H T A Y
J Y H M R G N Ä H T K C Z L
```

AKTIVITÉIT	FRÉISCHT
KONSCHT	MAGISCH
CAMPINGSPLAZ	FOTOGRAFIE
SCHEMA	FLEIS
MVP	LIESEN
GARDEN	RELAXATIOUN
WEIEREN	NÄH
JACHT	FÄEGKEET

92 - Business

```
P K M F C A R R I È R E L D
E I A H A C F I N A N Z E N
Y M N Q G B S T E I E R E N
E O A W H X R I R M R G P J
F N G R V H E I U G X N P A
A O E J L N B T E G D U B W
K K R I M R Y Y K V R P U
R E O L B G E W O F U H K E
E A R M O J Y R L R M Ä M R
V W B S M L K S P M K W Y H
G E B A O E D U M U I Y J L
R W N C T H S E E Y K O S T
W I A R T T O F F I C E N Z
V V T Z G E S C H Ä F T U I
```

BUDGET	FINANZEN
CARRIÈRE	AKOMMES
KOST	MANAGER
WÄHRUNG	WUER
RABATT	SUE
EKONOMIK	OFFICE
EMBER	VERKAF
EMPLOYEUR	GESCHÄFT
FABRIEK	STEIEREN

93 - The Company

```
B U S I N E S S J K U P H M
K U R L E V N S P R N R I É
Q C H L C N E T T E C E R I
I A B V R Y K W L A V S C G
H Y G E U B S I H T P E I L
K U J E O X I T C I R N N E
I N D U S T R I E V O T N C
H G E W S R T U F K D A O H
Y R X D E U T I W Y U T V K
C G K L R F A I E K I I A E
E A X M Z F L Z G Z T O T E
Q U A L I T É I T C E U I T
I N V E S T I T I O N N V W
E N T S C H E E D U N G G Z
```

BUSINESS
KREATIV
ENTSCHEEDUNG
CSV
INDUSTRIE
INNOVATIV
INVESTITION
MÉIGLECHKEET

PRESENTATIOUN
PRODUIT
QUALITÉIT
RUFF
RESSOURCEN
RECETTEN
RISKEN

94 - Literature

```
B F M T A M E H T S A E T R
E L K L S N W U E T U R G H
S I K S I T E O P I T Z K Y
C M R R Q A C K Y L E I X T
H C E L G R E V D P U E H H
R M E T A P H E R O R L D M
E Y N N K D H W N B T E I U
I B I O G R A P H I E R A S
W B K I P H A N A L Y S L J
U H L T A C T I A T C H O H
N O H K M I E R M M C T G L
G H J I N D R B Y E O V T A
X O Q F R E F A Z I T R D Z
A N A L O G I E K F R Y T Q
```

ANALOGIE
ANALYS
ANEKDOT
AUTEUR
BIOGRAPHIE
VERGLECH
FAZIT
BESCHREIWUNG
DIALOG
FIKTION

METAPHER
ERZIELER
ROMAN
GEDICH
POETISK
REIM
RHYTHMUS
STIL
THEMA

95 - Geography

```
B Z R Ä H P S I M E H L N A
L R E S B G O Ü E Z M L J R
T K E N J J L A D G G C J T
E A A E C I F M N E D R O N
R A Y J D I J I A E N S I E
R R L C U E W E L T T Z N Y
I T T T J D G L L H Z S S Z
T H C Ö H L D R I M J R E M
O Q M S S A L T A V B E L W
I M I E R Y W N G D I G F T
R M E R I D I A N A E I K C
E K O N T I N E N T R O I I
U K Z P U M D Z Q S G U N R
W E L T W O G O C D P N Z M
```

HÖCHT	BIERG
ATLAS	NORDEN
STAD	OZEAN
KONTINENT	REGIOUN
LAND	FLOS
HEMISPHÄR	MIER
INSEL	SÜDEN
BREEDEGRAD	TERRITOIRE
KAART	WESTEN
MERIDIAN	WELT

96 - Pets

```
G R I Q P T A P V V K M T I
H P S M U E H T V A Ä A I X
A T B K W D V K L S T U E N
U T K N R P C W A W Z S R Z
X E U T M A T Q Q Y C G A O
N U O K A Z C V Z M H S R N
N H M W T M C H A R E E Z A
S A S A R T H L T L N U T C
C M L A E G E E S S P F O X
H S E S C F Q I K C Z E B H
W T K S A G F P A P A G E I
Ä E C E L J K T Y N U X H V
I R E R Q Q R T J W D Y T A
F Y D N O H C S I F A G V I
```

KAZ	LACERTA
KRACHT	MAUS
KOU	PAPAGEI
HOND	VALPE
FISCH	HUET
MAT	SCHWÄIF
GEESS	DECKELSMOUK
HAMSTER	TIERARZT
KÄTZCHEN	WAASSER

97 - Jazz

```
F B N H D A O U R K B E Z A
B E T O N Q X X Y Ë E S Y L
U E F D O O G Q H N R E Y Y
L W U I S A Y P V S U S F N
O R C H E S T E R C M T A S
T M U R D N I O E H T I V B
L A U O N W E Z B T K L O C
I J L S L B M U B L A A R O
D Q M E I R X M A E V G I N
D D H A N K G T S R X Q T C
T F T Z S T Q I U A K N E E
K O M P O N I S T T A A N R
U F T E K N I K K C Q S F T
S Z R H Y T H M U S Y P C O
```

ALBUM
KËNSCHTLER
KOMPONIST.
CONCERT
DRUM
BETON
BERUMT
FAVORITEN
MUSIK

NEI
AL
ORCHESTER
RHYTHMUS
LIDD
STIL
TALENT
TEKNIKK

98 - Nature

```
D H Y H Q W N K P V U H S E
J V E C N U O I S O R E C N
V O T I M Q W W S V R L H T
C F S N T T Ë L B Z V L O S
W D L A W E F F Q Y A E O C
G E U O R J R Q B G R G N H
F M E K S I P O R T K T H E
D Y N A M I S C H K T U E E
N W E D D W C T A V I M I D
I Ë K D É V S N D F S M D E
W L L U J I H T F P Z Z W N
W L O P R N E I E B C B A D
E T W C P O A R E I Z A L G
L A Z H A J Q Z V I U A M S
```

DÉIER
ARKTIS
SCHOONHEID
BEIEN
WOLKEN
STE
DYNAMISCH
EROSIOUN
NIWWEL
BLËTT

WALD
GLAZIER
ROUEG
FLOS
HELLEGTUM
HEITER
TROPISK
ENTSCHEEDEND
WËLLT

99 - Championship

```
R V E B Z L H D V Z Z N W C
Q N O G N U T H C S E E L L
T R A I N E R R E T H C I R
T T E L I B M D N R S A A M
E D A G I L O Z B A C R D O
A X I N O Q W V Y T H A E T
M R E G N E R U N E W A M I
L E E R R O R P O G E L U V
D A N D U F I Y I I I K W A
S B U R O Z X P P E S X I T
M P B D T V J V M R S X G I
O H O E A H S M A A J T K O
H F I R Z R B T H V H B Q U
E R I O T C I V C M K C L N
```

CHAMPION
CHAMPIONNAT
TRAINER
REGNER
MVP
RICHTER
LIGA
MEDAIL

MOTIVATIOUN
LEESCHTUNG
SCHWEISS
SPORT
STRATEGIE
TEAM
TOURNOI
VICTOIRE

100 - Vacation #2

```
F  H  S  Z  U  C  H  V  M  E  P  U  W  M
T  L  Z  A  L  P  S  G  N  I  P  M  A  C
N  D  U  T  S  X  V  N  I  T  E  U  F  Z
C  I  M  C  F  L  I  U  I  P  T  R  R  C
M  H  E  N  H  K  S  R  K  T  R  A  A  K
C  N  H  W  E  H  A  Y  R  R  T  X  F  A
T  U  X  V  E  T  A  I  X  O  O  N  R  U
E  Q  Y  U  Q  R  N  F  S  P  D  A  É  S
H  O  T  E  L  O  O  L  E  S  N  I  I  L
R  E  I  S  T  K  X  L  A  N  A  Z  S  Ä
O  N  P  S  M  B  F  P  L  A  R  E  C  N
M  E  D  A  V  B  G  Q  P  R  T  L  H  N
Z  I  L  P  T  A  S  G  Z  T  S  T  T  E
P  O  T  H  C  M  A  V  Z  V  L  A  A  R
```

FLUCHHAFEN	KAART
STRAND	PASS
CAMPINGSPLAZ	MIER
ZIL	NIEWEROLL
AUSLÄNNER	ZELT
HOTEL	ZUCH
INSEL	TRANSPORT
REIS	VISA
FRÉISCHT	

1 - Antiques

2 - Food #1

3 - Measurements

4 - Farm #2

5 - Books

6 - Meditation

7 - Days and Months

8 - Energy

9 - Chess

10 - Archeology

11 - Food #2

12 - Chemistry

13 - Music

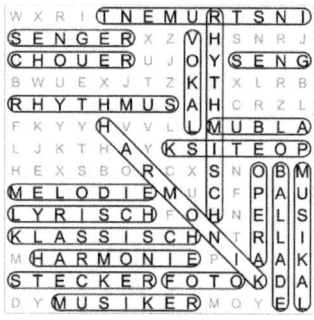

14 - Family

15 - Farm #1

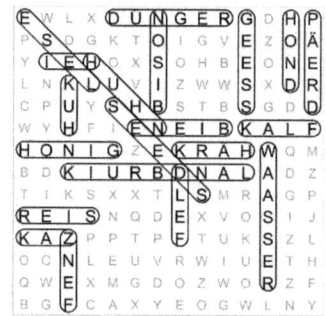

16 - Camping

17 - Algebra

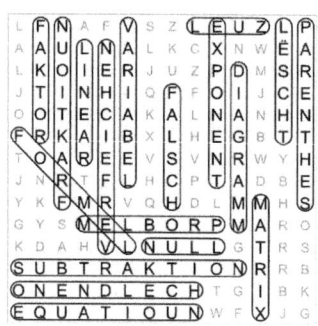

18 - Numbers

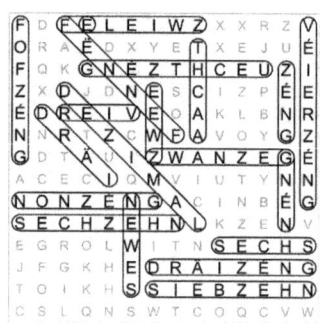

19 - Spices

20 - Universe

21 - Mammals

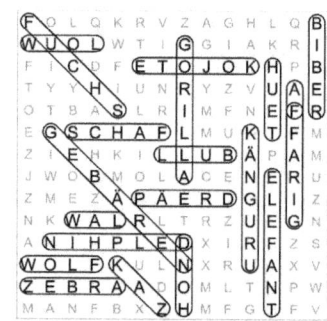

22 - Bees

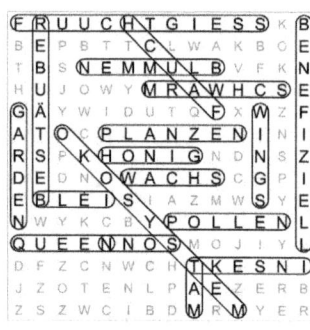

23 - Sports

24 - Weather

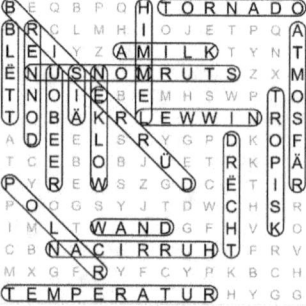

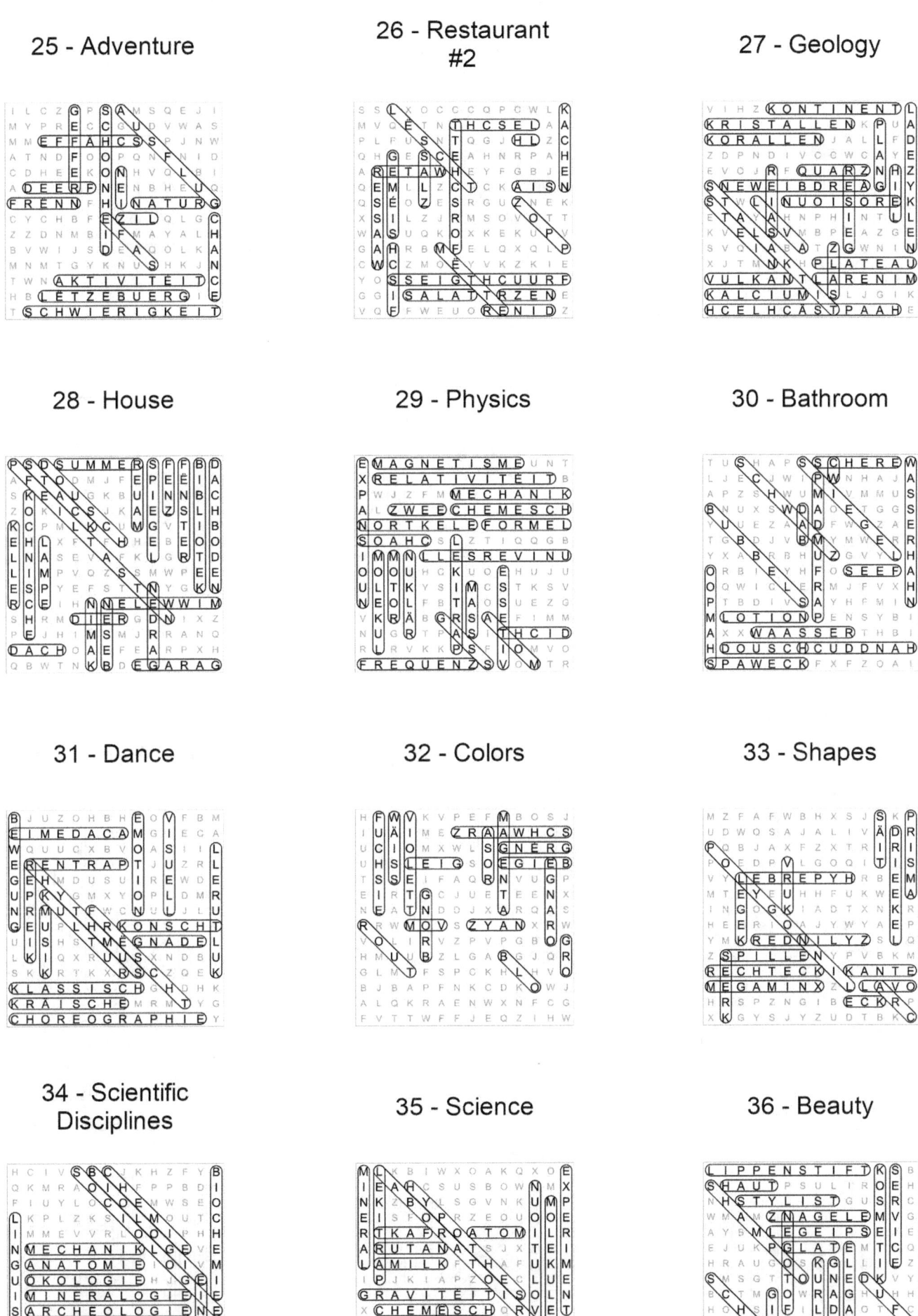

25 - Adventure

26 - Restaurant #2

27 - Geology

28 - House

29 - Physics

30 - Bathroom

31 - Dance

32 - Colors

33 - Shapes

34 - Scientific Disciplines

35 - Science

36 - Beauty

37 - Clothes

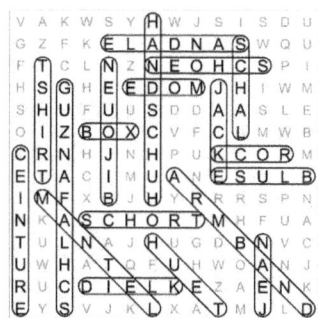

38 - Ethics

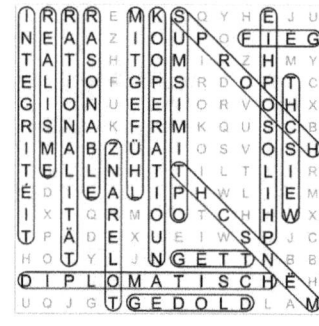

39 - Insects

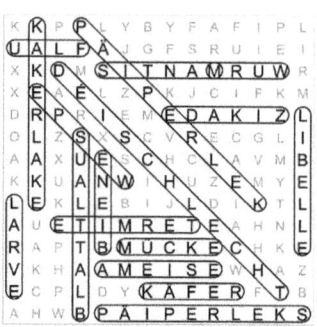

40 - Astronomy

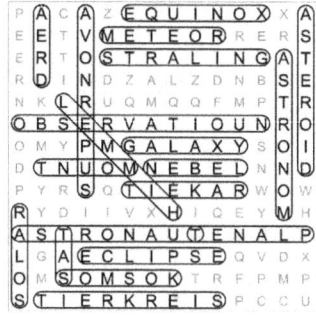

41 - Health and Wellness #2

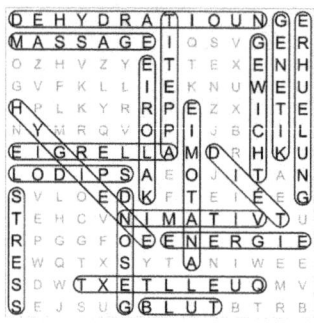

42 - Time

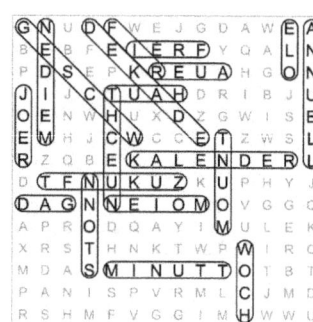

43 - Buildings

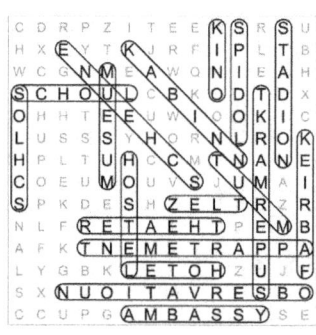

44 - Gardening

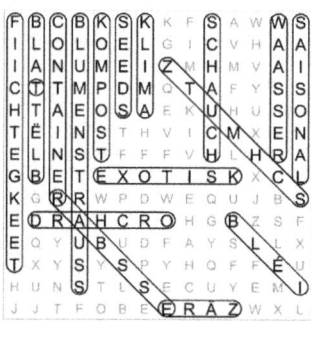

45 - Herbalism

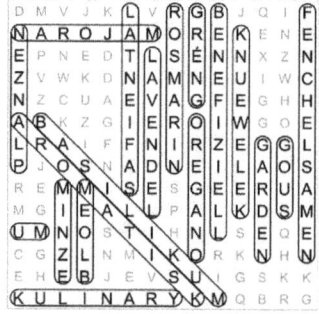

46 - Vehicles

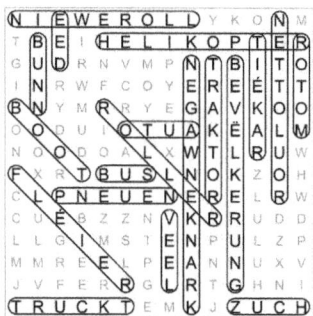

47 - Flowers

48 - Health and Wellness #1

49 - Town

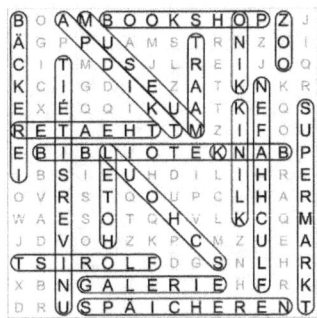

50 - Antarctica

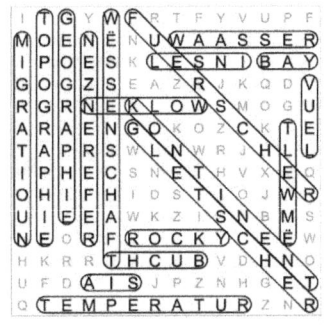

51 - Human Body

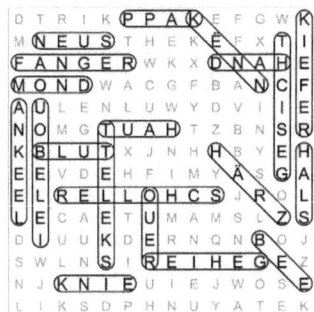

52 - Musical Instruments

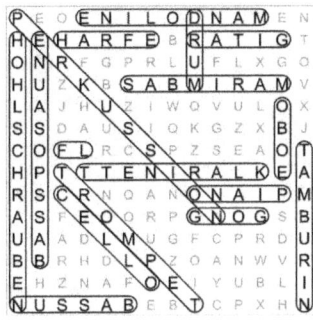

53 - Fruit

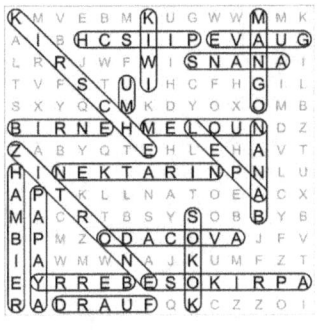

54 - Engineering

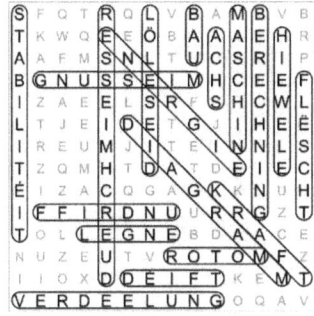

55 - Kitchen

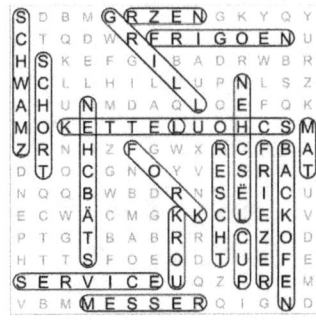

56 - Government

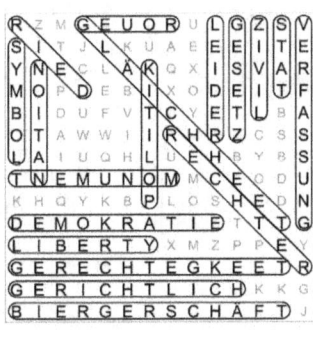

57 - Art Supplies

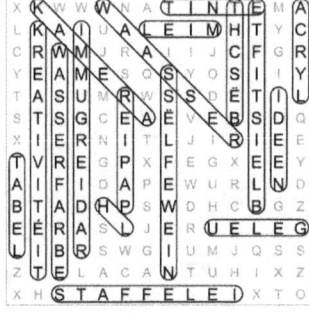

58 - Science Fiction

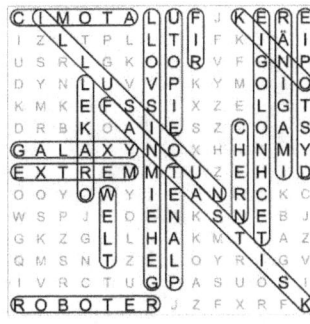

59 - Geometry

60 - Creativity

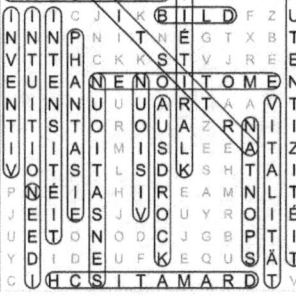

61 - Airplanes

62 - Ocean

63 - Force and Gravity

64 - Birds

65 - Nutrition

66 - Hiking

67 - Professions #1

68 - Barbecues

69 - Chocolate

70 - Vegetables

71 - Boats

72 - Activities and Leisure

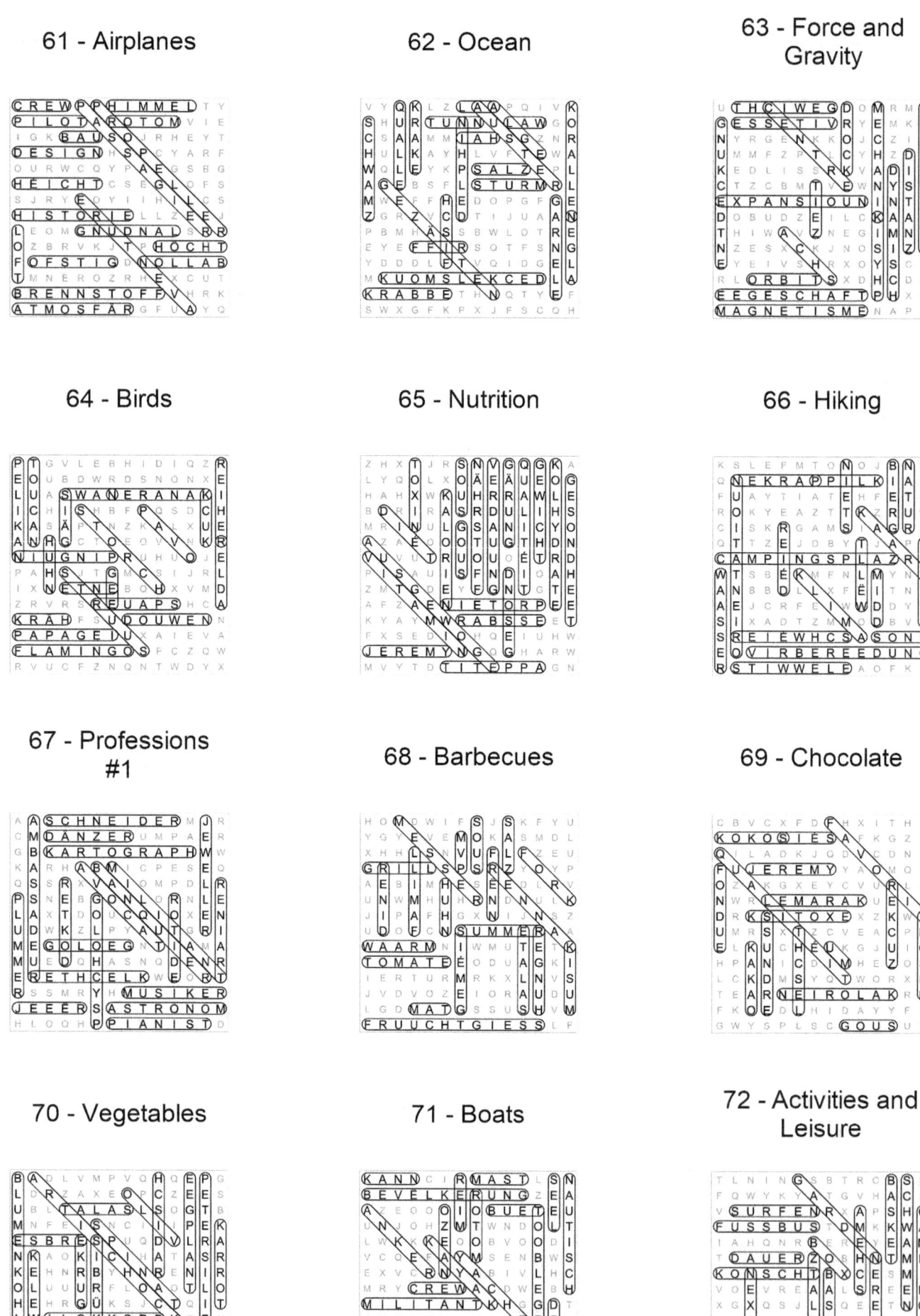

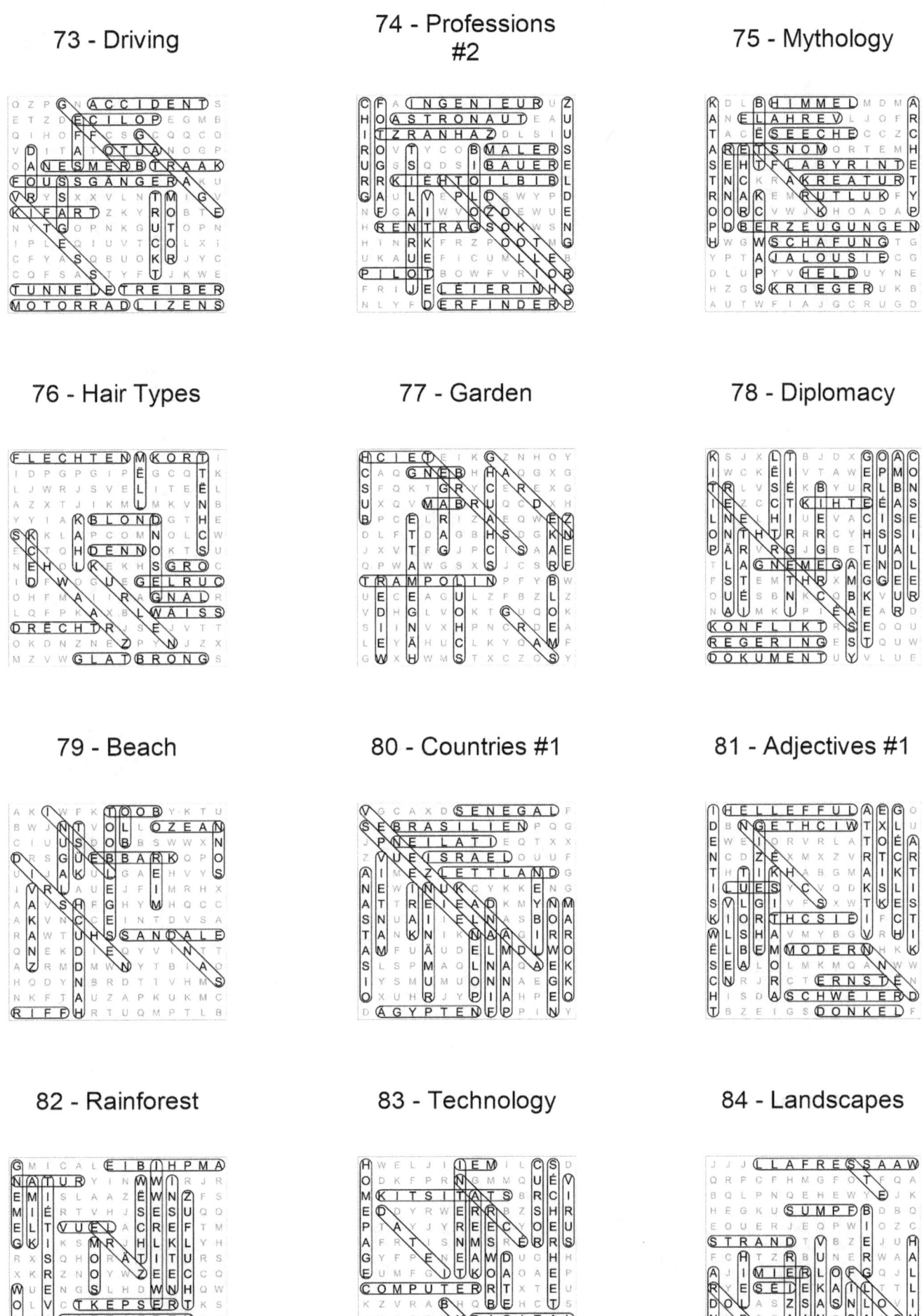

73 - Driving

74 - Professions #2

75 - Mythology

76 - Hair Types

77 - Garden

78 - Diplomacy

79 - Beach

80 - Countries #1

81 - Adjectives #1

82 - Rainforest

83 - Technology

84 - Landscapes

85 - Plants

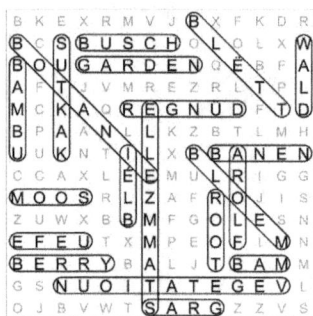

86 - Boxing

87 - Countries #2

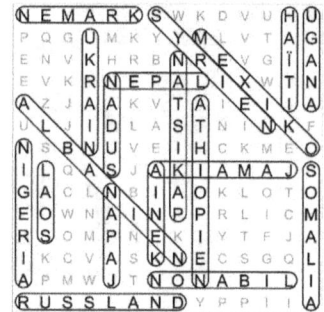

88 - Adjectives #2

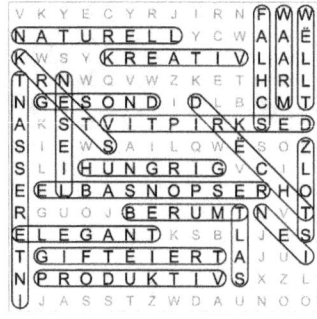

89 - Psychology

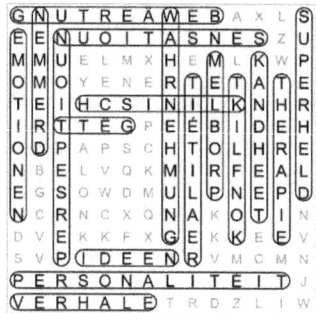

90 - Water

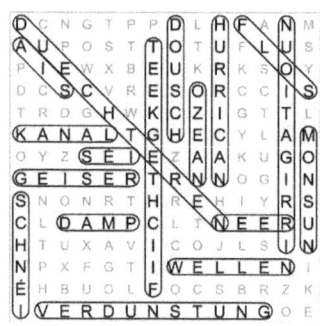

91 - Activities

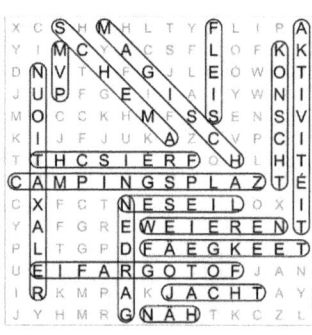

92 - Business

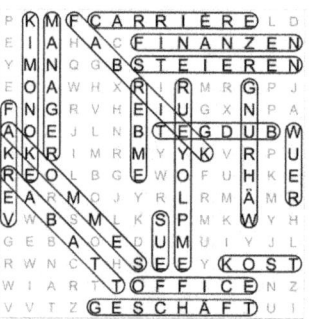

93 - The Company

94 - Literature

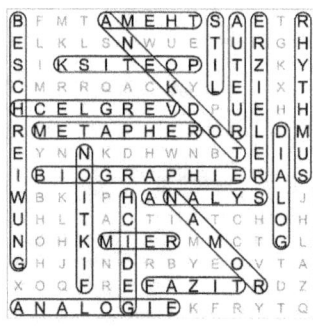

95 - Geography

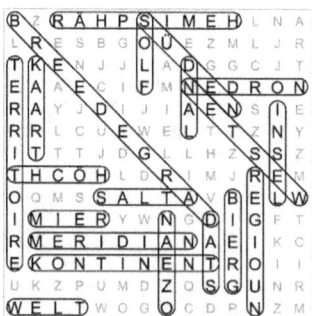

96 - Pets

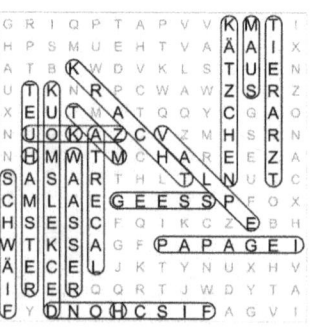

97 - Jazz

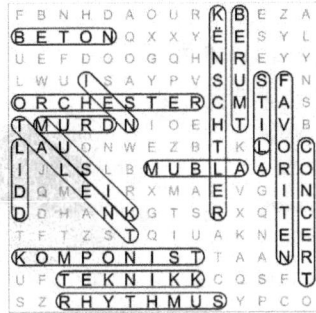

98 - Nature

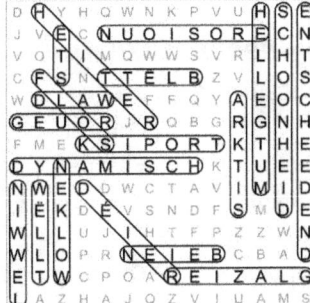

99 - Championship

100 - Vacation #2

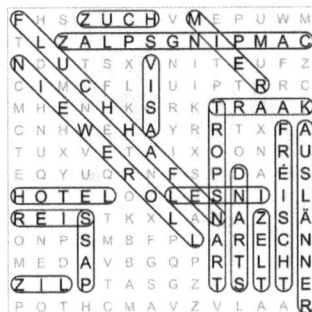

Dictionary

Activities
Aktivitéiten

Activity	Aktivitéit
Art	Konscht
Camping	Campingsplaz
Crafts	Handwierker
Fishing	Schema
Games	Mvp
Gardening	Garden
Hiking	Weieren
Hunting	Jacht
Leisure	Fréischt
Magic	Magisch
Photography	Fotografie
Pleasure	Fleis
Reading	Liesen
Relaxation	Relaxatioun
Sewing	Näh
Skill	Fäegkeet

Activities and Leisure
Aktivitéiten a Fräizäit

Art	Konscht
Baseball	Baseball
Basketball	Basket
Boxing	Box
Camping	Campingsplaz
Diving	Dauer
Fishing	Schema
Gardening	Garden
Golf	Golfplatz
Hiking	Weieren
Relaxing	Relaxen
Soccer	Fussbus
Surfing	Surfen
Swimming	Schwammen
Tennis	Tennisplatz
Travel	Rees
Volleyball	Volleyball

Adjectives #1
Adjektive #1

Absolute	Absolut
Ambitious	Ehrgeizig
Aromatic	Aromatisk
Artistic	Artistik
Attractive	Attraktiv
Beautiful	Schéin
Dark	Donkel
Exotic	Exotisk
Generous	Villen
Happy	Glécklech
Heavy	Schwéier
Helpful	Hëllefful
Honest	Éischt
Identical	Identisk
Important	Wichteg
Modern	Modern
Serious	Ernst
Slow	Lues
Thin	Dënn
Valuable	Wëscht

Adjectives #2
Adjektive #2

Authentic	Liesen
Creative	Kreativ
Descriptive	Deskriptiv
Dry	Drëcht
Elegant	Elegant
Famous	Berumt
Gifted	Giftéiert
Healthy	Gesond
Hot	Waarm
Hungry	Hungrig
Interesting	Interessant
Natural	Naturell
New	Nei
Productive	Produktiv
Proud	Stolz
Responsible	Responsable
Salty	Salt
Sleepy	Schlaf
Strong	Sterk
Wild	Wëllt

Adventure
Aventures

Activity	Aktivitéit
Beauty	Schoonheid
Chance	Chance
Dangerous	Geffer
Destination	Zil
Difficulty	Schwierigkeit
Excursion	Ausflug
Friends	Frënn
Itinerary	Schäffe
Joy	Freed
Nature	Natur
Navigation	Lëtzebuerg
New	Nei
Preparation	Virbereedung
Safety	Safe
Unusual	Ongewéinlech

Airplanes
Fligeren

Adventure	Aventure
Air	Loft
Altitude	Höcht
Atmosphere	Atmosfär
Balloon	Ballon
Construction	Bau
Crew	Crew
Descent	Ofstig
Design	Design
Engine	Motor
Fuel	Brennstoff
Height	Héicht
History	Historie
Hydrogen	Waasserstoff
Landing	Landung
Passenger	Passagier
Pilot	Pilot
Propellers	Propeller
Sky	Himmel
Turbulence	Turbulenz

Algebra
Algebra

Diagram	Diagramm
Equation	Equatioun
Exponent	Exponent
Factor	Faktor
False	Falsch
Formula	Formel
Fraction	Fraktioun
Infinite	Onendlech
Linear	Linear
Matrix	Matrix
Number	Zuel
Parenthesis	Parenthes
Problem	Problem
Simplify	Verfeichen
Solution	Lëscht
Subtraction	Subtraktion
Variable	Variabel
Zero	Null

Antarctica
Antarktis

Bay	Bay
Birds	Vuel
Clouds	Wolken
Conservation	Referenzen
Continent	Kontinent
Cove	Bucht
Environment	Ëmwelt
Expedition	Expeditioun
Geography	Geographie
Glaciers	Gletscher
Ice	Äis
Islands	Insel
Migration	Migratioun
Peninsula	Hallinnel
Researcher	Fuerscher
Rocky	Rocky
Scientific	Wëssenschaft
Temperature	Temperatur
Topography	Topographie
Water	Waasser

Antiques
Antiquitéite

Art	Konscht
Auction	Auktion
Authentic	Liesen
Century	Joerhonnert
Coins	Mënten
Decorative	Dekorativ
Elegant	Elegant
Furniture	Miwwelen
Gallery	Galerie
Investment	Investition
Jewelry	Bijouen
Old	Al
Price	Präis
Quality	Qualitéit
Restoration	Restauratioun
Sculpture	Skulptur
Style	Stil
Unusual	Ongewéinlech
Value	Wärt

Archeology
Archaologie

Analysis	Analys
Antiquity	Antiquität
Bones	Skelett
Civilization	Zivilisatioun
Descendant	Nokommen
Era	Ära
Evaluation	Evaluatioun
Expert	Expert
Forgotten	Vergiess
Fossil	Haaptsächlech
Fragments	Fragment
Mystery	Mysterie
Objects	Gegenst
Relic	Relich
Researcher	Fuerscher
Team	Team
Temple	Tempel
Tomb	Graf
Unknown	Onbekannt

Art Supplies
Konscht Ëmgeréits

Acrylic	Acryl
Brushes	Bëscht
Camera	Kamera
Chair	Hl
Clay	Nieweflëss
Creativity	Kreativitéit
Easel	Staffelei
Eraser	Radiergummi
Glue	Leim
Ideas	Ideen
Ink	Tinte
Oil	Ueleg
Paper	Papier
Pencils	Bleistifte
Table	Tabel
Water	Waasser
Watercolors	Wasserfarbe

Astronomy
Astronomie

Asteroid	Asteroid
Astronaut	Astronaut
Astronomer	Astronom.
Cosmos	Kosmos
Earth	Äerd
Eclipse	Eclipse
Equinox	Equinox
Galaxy	Galaxy
Meteor	Meteor
Moon	Mount
Nebula	Nebel
Observatory	Observatioun
Planet	Planet
Radiation	Straling
Rocket	Rakéit
Satellite	Sat
Sky	Himmel
Solar	Solar
Supernova	Supernova
Zodiac	Tierkreis

Barbecues
Barbecue

Chicken	Huhn
Children	Kanner
Dinner	Diner
Family	Famill
Food	Mat
Forks	Fork
Friends	Frënn
Fruit	Fruucht Giess
Games	Mvp
Grill	Grill
Hot	Waarm
Hunger	Hunger
Knives	Messer
Music	Musik
Salads	Salate
Salt	Salz
Sauce	Sous
Summer	Summer
Tomatoes	Tomate
Vegetables	Geméis

Bathroom
Buedzëmmer

Bath	Bad
Bubbles	Bubbels
Faucet	Wasserhahn
Lotion	Lotion
Mirror	Spiegel
Perfume	Parfum
Rug	Spaweck
Scissors	Schere
Shampoo	Shampoo
Shower	Dousch
Soap	Seef
Sponge	Schwamz
Steam	Damp
Toilet	Wc
Towel	Handduch
Water	Waasser

Beach
Strand

Blue	Blo
Boat	Boot
Coast	Küst
Crab	Krabbe
Island	Insel
Lagoon	Lagun
Ocean	Ozean
Reef	Riff
Sailboat	Segelboot
Sand	Sand
Sandals	Sandale
Sea	Mier
Sun	Sonn
Towel	Handduch
Umbrella	Dirschen
Vacation	Vakanz

Beauty
Schéinheet

Charm	Charme
Color	Farbig
Cosmetics	Kosmetik
Curls	Kurlen
Elegance	Eleganz
Elegant	Elegant
Fragrance	Duft
Grace	Gnade
Lipstick	Lippenstift
Mascara	Wimperntusche
Mirror	Spiegel
Photogenic	Fotogen
Scissors	Schere
Services	Service
Shampoo	Shampoo
Skin	Haut
Smooth	Glat
Stylist	Stylist

Bees
Beien

Beneficial	Benefiziell
Blossom	Bléi
Diversity	Diversitéit
Ecosystem	Ökosystem
Flowers	Blummen
Food	Mat
Fruit	Fruucht Giess
Garden	Garden
Hive	Bienenkorb
Honey	Honig
Insect	Insekt
Plants	Planzen
Pollen	Pollen
Pollinator	Bestäuber
Queen	Queen
Smoke	Fauch
Sun	Sonn
Swarm	Schwarm
Wax	Wachs
Wings	Wings

Birds
Villercher

Canary	Kanaren
Chicken	Huhn
Crow	Kräh
Cuckoo	Kuck
Dove	Douwen
Duck	Ente
Eagle	Adler
Egg	Eeg
Flamingo	Flamingo
Goose	Gäis
Heron	Reiher
Ostrich	Struus
Parrot	Papagei
Peacock	Pavo
Pelican	Pelikan
Penguin	Pinguin
Sparrow	Spauer
Stork	Storch
Swan	Swan
Toucan	Toucan

Boats
Schëffer

Anchor	Anker
Buoy	Buet
Canoe	Kann
Crew	Crew
Engine	Motor
Ferry	Bevëlkerung
Kayak	Kayak
Lake	Séi
Mast	Mast
Nautical	Nautisch
Ocean	Ozean
Raft	Dee
River	Flos
Rope	Seel
Sailboat	Segelboot
Sailor	Militant
Sea	Mier
Tide	Flut
Waves	Wellen
Yacht	Yacht

Books
Bicher

Adventure	Aventure
Author	Auteur
Collection	Sammel
Context	Kontext
Duality	Dualität
Epic	Episch
Historical	Historisk
Humorous	Humorvoll
Inventive	Inventiv
Literary	Literaire
Narrator	Erzieler
Novel	Roman
Page	Säit
Poem	Gedich
Poetry	Poësie
Reader	Lieser
Relevant	Relevant
Story	Geschicht
Tragic	Tragisch
Written	Opschreiwen

Boxing
Boxen

Bell	Bell
Body	Kierper
Chin	Kënn
Corner	Eck
Elbow	Ielebou
Exhausted	Erschöpft
Fighter	Kämpfer
Fist	Fust
Focus	Fokus
Gloves	Handschuh
Kick	Kick
Opponent	Géigner
Recovery	Erhuelung
Referee	Arbitter
Skill	Fäegkeet
Strength	Kraft

Buildings
Gebaier

Apartment	Appartement
Barn	Scheune
Cabin	Kabinn
Castle	Schlos
Cinema	Kino
Embassy	Ambassy
Factory	Fabriek
Hospital	Spidol
Hostel	Hostel
Hotel	Hotel
Laboratory	Laboratoire
Museum	Museum
Observatory	Observatioun
School	Schoul
Stadium	Stadion
Supermarket	Supermarkt
Tent	Zelt
Theater	Theater
Tower	Turm
University	Universitéit

Business
Business

Budget	Budget
Career	Carrière
Company	Entreprise
Cost	Kost
Currency	Währung
Discount	Rabatt
Economics	Ekonomik
Employee	Ember
Employer	Employeur
Factory	Fabriek
Finance	Finanzen
Income	Akommes
Investment	Investition
Manager	Manager
Merchandise	Wuer
Money	Sue
Office	Office
Sale	Verkaf
Shop	Geschäft
Taxes	Steieren

Camping
Campingsplaz

Adventure	Aventure
Animals	Déier
Cabin	Kabinn
Canoe	Kann
Compass	Kompass
Fire	Fir
Forest	Wald
Fun	Spass
Hammock	Hängematte
Hat	Huet
Hunting	Jacht
Insect	Insekt
Lake	Séi
Map	Kaart
Moon	Mount
Mountain	Bierg
Nature	Natur
Rope	Seel
Tent	Zelt
Trees	Beem

Championship
Meeschterschaft

Champion	Champion
Championship	Championnat
Coach	Trainer
Finalist	Regner
Games	Mvp
Judge	Richter
League	Liga
Medal	Medail
Motivation	Motivatioun
Performance	Leeschtung
Perspiration	Schweiss
Sports	Sport
Strategy	Strategie
Team	Team
Tournament	Tournoi
Victory	Victoire

Chemistry
Chimie

Acid	Saier
Alkaline	Alkalisch
Atomic	Atomic
Carbon	Kuelestoff
Catalyst	Katalysator
Chlorine	Chlor
Electron	Elektron
Enzyme	Enzym
Gas	Gass
Heat	Hëtzt
Hydrogen	Waasserstoff
Ion	Ionen
Liquid	Flëscht
Molecule	Molekul
Nuclear	Nuklär
Organic	Organisch
Oxygen	Sauerstoff
Salt	Salz
Temperature	Temperatur
Weight	Gewicht

Chess
Schachspill

Black	Schwaarz
Champion	Champion
Contest	Concours
Diagonal	Diagonal
Game	Spill
King	Keng
Opponent	Géigner
Passive	Passiv
Player	Spiller
Queen	Queen
Rules	Regelen
Sacrifice	Dunn
Strategy	Strategie
Time	Zeit
Tournament	Tournoi
White	Wäiss

Chocolate
Schockela

Bitter	Jeremy
Cacao	Kakao
Calories	Kalorien
Caramel	Karamel
Coconut	Kokos
Delicious	Lescht
Exotic	Exotisk
Favorite	Favorit
Flavor	Gous
Ingredient	Um
Peanuts	Erdnuss
Quality	Qualitéit
Recipe	Rescht
Sugar	Zucker
Sweet	Séis
Taste	Fondue

Clothes
Kleedung

Apron	Schort
Belt	Ceinture
Blouse	Bluse
Bracelet	Armband
Coat	Mantel
Dress	Kleid
Fashion	Mode
Gloves	Handschuh
Hat	Huet
Jacket	Jacke
Jeans	Jean
Jewelry	Bijouen
Pajamas	Schlafanzug
Pants	Box
Sandals	Sandale
Scarf	Schal
Shirt	T-Shirt
Shoe	Schoen
Skirt	Rock
Sweater	Pullovere

Colors
Faarwen

Beige	Beige
Black	Schwaarz
Blue	Blo
Brown	Brong
Cyan	Zyan
Fuchsia	Fuchsie
Green	Gréng
Grey	Gro
Magenta	Magenta
Orange	Orange
Pink	Rosa
Purple	Mov
Red	Rout
Violet	Violett
White	Wäiss
Yellow	Giel

Countries #1
Länner #1

Brazil	Brasilien
Canada	Kanada
Egypt	Ägypten
Finland	Finnland
Germany	Däitschland
Iraq	Irak
Israel	Israel
Italy	Italien
Latvia	Lettland
Libya	Libyen
Morocco	Marokko
Nicaragua	Anastasio
Norway	Norwegen
Panama	Panama
Poland	Polen
Romania	Rumänien
Senegal	Senegal
Spain	Spuenien
Venezuela	Venezuela
Vietnam	Vietnam

Countries #2
Länner, #2

Albania	Albanien
Denmark	Nemark
Ethiopia	Äthiopien
Greece	Griicheland
Haiti	Haïti
Jamaica	Jamaika
Japan	Japan
Kenya	Kenia
Laos	Laos
Lebanon	Libanon
Mexico	Mexiko
Nepal	Nepal
Nigeria	Nigeria
Pakistan	Pakistan
Russia	Russland
Somalia	Somalia
Sudan	Sudan
Syria	Syrien
Uganda	Ugana
Ukraine	Ukrain

Creativity
Kreativitéit

Artistic	Artistik
Authenticity	Autentizitéit
Clarity	Klaritéit
Dramatic	Dramatisch
Emotions	Emotionen
Expression	Ausdrock
Ideas	Ideen
Image	Bild
Imagination	Phantasie
Inspiration	Inspiratioun
Intensity	Intensitéit
Intuition	Intuition
Inventive	Inventiv
Sensation	Sensatioun
Skill	Fäegkeet
Spontaneous	Spontan
Visions	Visioun
Vitality	Vitalität

Dance
Tanz

Academy	Academie
Art	Konscht
Body	Kierper
Choreography	Choreographie
Classical	Klassisch
Cultural	Kulturell
Culture	Kultur
Emotion	Emotion
Expressive	Kräische
Grace	Gnade
Joyful	Frëscht
Movement	Bewegung
Music	Musik
Partner	Partner
Rhythm	Rhythmus
Traditional	Traditionell
Visual	Visuell

Days and Months
Deeg a Méint

April	Abrëll
August	August
Calendar	Kalender
February	Februar
Friday	Freideg
January	Januar
July	Juli
March	Mäerz
Monday	Méindeg
Month	Mount
November	November
October	Oktober
Saturday	Samschdeg
September	September
Sunday	Sonnde
Thursday	Donneschdeg
Tuesday	Dënschdeg
Wednesday	Mëttwoch
Week	Woch
Year	Joer

Diplomacy
Diplomatie

Adviser	Conseiller
Ambassador	Ambassadeur
Citizens	Bierger
Community	Gemeng
Conflict	Konflikt
Cooperation	Kooperatioun
Diplomatic	Diplomatisch
Discussion	Diskussioun
Embassy	Ambassy
Ethics	Ethik
Foreign	Auslänner
Government	Regering
Humanitarian	Dokument
Integrity	Integritéit
Justice	Gerechtegkeet
Politics	Politik
Resolution	Opléisung
Security	Sécherheet
Solution	Lëscht
Treaty	Tratéi

Driving
Bobet

Accident	Accident
Brakes	Bremsen
Car	Auto
Danger	Gefor
Driver	Treiber
Fuel	Brennstoff
Garage	Garage
Gas	Gass
License	Lizens
Map	Kaart
Motor	Motor
Motorcycle	Motorrad
Pedestrian	Foussgänger
Police	Police
Road	Road
Safety	Safe
Speed	Vitesse
Traffic	Trafik
Truck	Truckt
Tunnel	Tunnel

Energy
Energie

Battery	Batterie
Carbon	Kuelestoff
Diesel	Dieselöl
Electric	Elektrisch
Electron	Elektron
Entropy	Entropie
Environment	Ëmwelt
Fuel	Brennstoff
Gasoline	Benzin
Heat	Hëtzt
Hydrogen	Waasserstoff
Industry	Industrie
Motor	Motor
Nuclear	Nuklär
Photon	Foton
Pollution	Verschmutzung
Renewable	Erneuerbar
Steam	Damp
Turbine	Turbin
Wind	Wand

Engineering
Engineering

Angle	Engel
Axis	Achs
Calculation	Berechning
Construction	Bau
Depth	Déift
Diagram	Diagramm
Diameter	Duerchmiesser
Diesel	Dieselöl
Distribution	Verdeelung
Energy	Energie
Levers	Hiewele
Liquid	Flëscht
Machine	Maschin
Measurement	Miessung
Motor	Motor
Propulsion	Undriff
Stability	Stabilitéit
Strength	Kraft
Structure	Struktur

Ethics
Ethik

Altruism	Altruismus
Compassion	Mitgefühl
Cooperation	Kooperatioun
Dignity	Géif
Diplomatic	Diplomatisch
Honesty	Sprooch
Humanity	Mënscht
Integrity	Integritéit
Kindness	Gëtt
Optimism	Optimismus
Patience	Gedold
Philosophy	Philosophie
Rationality	Rationalität
Realism	Realisme
Reasonable	Rasonable
Tolerance	Toleranz
Wisdom	Weischt

Family
Famill

Ancestor	Virfahre
Aunt	Tant
Brother	Brudder
Child	Kand
Childhood	Kandheet
Children	Kanner
Cousin	Koseng
Daughter	Duechter
Father	Papp
Grandfather	Grousspapp
Grandson	Enkel
Husband	Mann
Maternal	Mütterlich
Mother	Mamm
Nephew	Neveu
Niece	Niess
Paternal	Väterlich
Sister	Schwëster
Uncle	Onkel
Wife	Fra

Farm #1
Bauerenhaff #1

Agriculture	Landbruik
Bee	Biene
Bison	Bison
Calf	Kalf
Cat	Kaz
Chicken	Huhn
Cow	Kuh
Crow	Kräh
Dog	Hond
Donkey	Esel
Fence	Fenz
Fertilizer	Dünger
Field	Feld
Goat	Geess
Hay	Hei
Honey	Honig
Horse	Päerd
Rice	Reis
Seeds	Seeds
Water	Waasser

Farm #2
Bauerenhaff #2

Animals	Déier
Barley	Gerär
Barn	Scheune
Corn	Mais
Duck	Ente
Farmer	Bauer
Food	Mat
Fruit	Fruucht Giess
Irrigation	Irrigatioun
Lamb	Lamm
Llama	Lama
Meadow	Wiese
Milk	Mëllech
Orchard	Orchard
Sheep	Schaf
Tractor	Traktor
Vegetable	Geméis
Wheat	Weess

Flowers
Blummen

Bouquet	Blumenstrauss
Clover	Klee
Daisy	Daisy
Dandelion	Wenzahn
Gardenia	Gardenie
Hibiscus	Hibiskus
Jasmine	Jasmin
Lavender	Lavendel
Lilac	Violette
Lily	Lilie
Magnolia	Magnolie
Orchid	Orchidee
Peony	Pfingstrose
Poppy	Mohn
Sunflower	Sonneblem
Tulip	Tulip

Food #1
Iessen #1

Apricot	Aprikose
Barley	Gerär
Basil	Basilikum
Carrot	Karrot
Cinnamon	Zimt
Garlic	Knuewelek
Juice	Juss
Lemon	Zitrone
Milk	Mëllech
Onion	Ënner
Peanut	Erdnuss
Pear	Birne
Salad	Salat
Salt	Salz
Soup	Zopp
Spinach	Spinat
Strawberry	Äerdbier
Sugar	Zucker
Tuna	Tunn
Turnip	Troppel

Food #2
Alimentatioun #2

Apple	Apel
Artichoke	Artischocke
Banana	Banan
Bread	Brout
Broccoli	Brokkoli
Celery	Sellerie
Cheese	Käis
Cherry	Kirsche
Chicken	Huhn
Chocolate	Schockela
Egg	Eeg
Eggplant	Eegplant
Fish	Fisch
Grape	Drauf
Ham	Schinken
Kiwi	Kiwi
Rice	Reis
Tomato	Tomat
Wheat	Weess
Yogurt	Yoghurt

Force and Gravity
Kraaft a Schwéierkraaft

Axis	Achs
Center	Centre
Discovery	Entdeckung
Distance	Distanz
Dynamic	Dynamisch
Expansion	Expansioun
Magnetism	Magnetisme
Mechanics	Mechanik
Orbit	Orbit
Physics	Physik
Pressure	Drock
Properties	Eegeschaft
Speed	Vitesse
Time	Zeit
Universal	Universell
Weight	Gewicht

Fruit
Fruucht Giess

Apple	Apel
Apricot	Aprikose
Avocado	Avocado
Banana	Banan
Berry	Berry
Cherry	Kirsche
Coconut	Kokos
Fig	Um
Grape	Drauf
Guava	Guave
Kiwi	Kiwi
Lemon	Zitrone
Mango	Mango
Melon	Meloun
Nectarine	Nektarin
Papaya	Papaya
Peach	Piisch
Pear	Birne
Pineapple	Anans
Raspberry	Hambier

Garden
Gaart

Bench	Beng
Bush	Busch
Fence	Fenz
Flower	Bloem
Garage	Garage
Garden	Garden
Grass	Gras
Hammock	Hängematte
Hose	Schauch
Pond	Teich
Rake	Rake
Shovel	Schoul
Terrace	Terrass
Trampoline	Trampolin
Tree	Bam
Weeds	Weider

Gardening
Gaardenaarbecht

Blossom	Bléi
Botanical	Zäre
Bouquet	Blumenstrauss
Climate	Klima
Compost	Kompost
Container	Container
Dirt	Schmutz
Edible	Essbar
Exotic	Exotisk
Foliage	Blëtt
Hose	Schauch
Leaf	Blat
Moisture	Fiichtegkeet
Orchard	Orchard
Seasonal	Saisonal
Seeds	Seeds
Water	Waasser

Geography
Geographie

Altitude	Höcht
Atlas	Atlas
City	Stad
Continent	Kontinent
Country	Land
Hemisphere	Hemisphär
Island	Insel
Latitude	Breedegrad
Map	Kaart
Meridian	Meridian
Mountain	Bierg
North	Norden
Ocean	Ozean
Region	Regioun
River	Flos
Sea	Mier
South	Süden
Territory	Territoire
West	Westen
World	Welt

Geology
Geologie

Acid	Saier
Calcium	Kalcium
Cavern	Hiel
Continent	Kontinent
Coral	Korallen
Crystals	Kristallen
Cycles	Ladezyklen
Earthquake	Äerdbiewen
Erosion	Erosioun
Fossil	Haaptsächlech
Geyser	Geiser
Lava	Lava
Layer	Plang
Minerals	Mineral
Plateau	Plateau
Quartz	Quarz
Salt	Salz
Stalactite	Stalaktit
Stone	Stein
Volcano	Vulkan

Geometry
Geometrie

Angle	Engel
Calculation	Berechning
Circle	Krees
Curve	Kurv
Diameter	Duerchmiesser
Dimension	Dimensioun
Equation	Equatioun
Height	Héicht
Horizontal	Horizontal
Logic	Logik
Mass	Mass
Median	Mediane
Number	Zuel
Parallel	Parallel
Proportion	Undeel
Segment	Segment
Surface	Uewerfläch
Symmetry	Symmetrie
Theory	Theorie
Triangle	Drieekel

Government
Regierung

Citizenship	Biergerschäft
Civil	Zivil
Constitution	Verfassung
Democracy	Demokratie
Discussion	Diskussioun
Equality	Gläichheet
Judicial	Gerichtlich
Justice	Gerechtegkeet
Law	Gesetz
Leader	Leider
Liberty	Liberty
Monument	Monument
Nation	Nation
Peaceful	Roueg
Politics	Politik
Rights	Rechter
Speech	Ried
State	Stat
Symbol	Symbol

Hair Types
Hoer Zorte

Bald	Kahl
Black	Schwaarz
Blond	Blond
Braided	Flechten
Brown	Brong
Curls	Kurlen
Curly	Curleg
Dry	Drëcht
Gray	Gro
Healthy	Gesond
Long	Lang
Shiny	Schnëtt
Short	Kort
Smooth	Glat
Soft	Mëll
Thick	Deck
Thin	Dënn
White	Wäiss

Health and Wellness #1
Gesondheet a Wellness #1

Active	Aktiv
Bacteria	Bakterien
Bones	Skelett
Clinic	Klinik
Doctor	Dokter
Fracture	Fraktur
Habit	Gewohnheit
Height	Héicht
Hormones	Hormon
Hunger	Hunger
Medicine	Medizin
Muscles	Muskelen
Nerves	Nerven
Pharmacy	Apdikt
Reflex	Reflex
Relaxation	Relaxatioun
Skin	Haut
Therapy	Therapie
Treatment	Behandling
Virus	Virus

Health and Wellness #2
Gesondheet a Wellness #2

Allergy	Allergie
Anatomy	Anatomie
Appetite	Appetit
Blood	Blut
Calorie	Kalorie
Dehydration	Dehydratioun
Diet	Diét
Disease	Krankheit
Energy	Energie
Genetics	Genetik
Healthy	Gesond
Hospital	Spidol
Hygiene	Hygiene
Infection	Quelltext
Massage	Massage
Nutrition	Ernährung
Recovery	Erhuelung
Stress	Stress
Vitamin	Vitamin
Weight	Gewicht

Herbalism
Herbalismus

Aromatic	Aromatisk
Basil	Basilikum
Beneficial	Benefiziell
Culinary	Kulinary
Fennel	Fenchelsamen
Flavor	Gous
Flower	Bloem
Garden	Garden
Garlic	Knuewelek
Green	Gréng
Ingredient	Um
Lavender	Lavendel
Marjoram	Majoran
Mint	Minze
Oregano	Oregano
Parsley	Petersilie
Plant	Planzen
Rosemary	Rosmarin
Saffron	Safiental
Tarragon	Estragon

Hiking
Wanderen

Animals	Déier
Boots	Stiwwele
Camping	Campingsplaz
Cliff	Klipp
Climate	Klima
Heavy	Schwéier
Map	Kaart
Mountain	Bierg
Nature	Natur
Orientation	Orientatioun
Parks	Parken
Preparation	Virbereedung
Stones	Stein
Summit	Spëtzt
Sun	Sonn
Tired	Midd
Water	Waasser
Wild	Wëllt

House
Haus

Attic	Dachboden
Basement	Keller
Broom	Besen
Door	Dier
Fence	Fenz
Fireplace	Kamin
Floor	Stack
Furniture	Miwwelen
Garage	Garage
Garden	Garden
Keys	Pfeiltasten
Kitchen	Kochnische
Lamp	Lampe
Library	Bibliotek
Mirror	Spiegel
Roof	Dach
Room	Summer
Shower	Dousch
Wall	Mauer
Window	Fënster

Human Body
Mënschleche Kierper

Ankle	Ankeel
Blood	Blut
Bones	Skelett
Brain	Gehier
Chin	Kënn
Ear	Ouer
Elbow	Ielebou
Face	Gesicht
Finger	Fanger
Hand	Hand
Head	Kapp
Heart	Härz
Jaw	Kiefer
Knee	Knie
Leg	Bee
Mouth	Mond
Neck	Hals
Nose	Neus
Shoulder	Scholler
Skin	Haut

Insects
Insekten

Ant	Ameise
Aphid	Blattlaus
Bee	Biene
Beetle	Käfer
Butterfly	Päiperlek
Cicada	Zikade
Cockroach	Kakerlake
Dragonfly	Libelle
Flea	Flau
Grasshopper	Heuschrecke
Ladybug	Déischlecht
Larva	Larve
Mantis	Mantis
Mosquito	Mücke
Moth	Päiperleks
Termite	Termite
Wasp	Wespe
Worm	Wurm

Jazz
Jazz

Album	Album
Artist	Kënschtler
Composer	Komponist.
Concert	Concert
Drums	Drum
Emphasis	Beton
Famous	Berumt
Favorites	Favoriten
Music	Musik
New	Nei
Old	Al
Orchestra	Orchester
Rhythm	Rhythmus
Song	Lidd
Style	Stil
Talent	Talent
Technique	Teknikk

Kitchen
Kochnische

Apron	Schort
Bowl	Schoul
Chopsticks	Stäbchen
Cups	Cup
Food	Mat
Forks	Fork
Freezer	Friezer
Grill	Grill
Jug	Krou
Kettle	Kettel
Knives	Messer
Napkin	Service
Oven	Backofen
Recipe	Rescht
Refrigerator	Frigoen
Spices	Rzen
Sponge	Schwamz
Spoons	Lëschen

Landscapes
Landschaften

Beach	Strand
Cave	Hiel
Desert	Ste
Geyser	Geiser
Glacier	Glazier
Hill	Hill
Iceberg	Robin
Island	Insel
Lake	Séi
Mountain	Bierg
Oasis	Oas
Ocean	Ozean
Peninsula	Hallinnel
River	Flos
Sea	Mier
Swamp	Sumpf
Tundra	Tundra
Valley	Dall
Volcano	Vulkan
Waterfall	Waasserfall

Literature
Literatur

Analogy	Analogie
Analysis	Analys
Anecdote	Anekdot
Author	Auteur
Biography	Biographie
Comparison	Verglech
Conclusion	Fazit
Description	Beschreiwung
Dialogue	Dialog
Fiction	Fiktion
Metaphor	Metapher
Narrator	Erzieler
Novel	Roman
Poem	Gedich
Poetic	Poetisk
Rhyme	Reim
Rhythm	Rhythmus
Style	Stil
Theme	Thema
Tragedy	Tragedie

Mammals
Mamendéieren

Bear	Gebären
Beaver	Biber
Bull	Bull
Cat	Kaz
Coyote	Kojote
Dog	Hond
Dolphin	Delphin
Elephant	Elefant
Fox	Fuchs
Giraffe	Giraff
Gorilla	Gorilla
Horse	Päerd
Kangaroo	Känguru
Lion	Louw
Monkey	Af
Rabbit	Huet
Sheep	Schaf
Whale	Wal
Wolf	Wolf
Zebra	Zebra

Measurements
Miessunge

Byte	Byte
Centimeter	Zentimeter
Decimal	Dezimal
Degree	Grad
Depth	Déift
Gram	Gramm
Height	Héicht
Inch	Zoll
Kilogram	Kilogramm
Kilometer	Kilometer
Length	Längt
Liter	Liter
Mass	Mass
Meter	M
Minute	Minutt
Ounce	Onz
Ton	Tonn
Weight	Gewicht
Width	Breet

Meditation
Meditatioun

Acceptance	Unhuele
Awake	Wakkert
Breathing	Omtem
Calm	Roueg
Clarity	Klaritéit
Compassion	Mitgefühl
Emotions	Emotionen
Gratitude	Dankbarkeit
Kindness	Gëtt
Mental	Geistig
Mind	Geescht
Movement	Bewegung
Music	Musik
Nature	Natur
Peace	Fridde
Perspective	Perspektiv
Silence	Stille
Teachings	Léier

Music
Musek

Album	Album
Ballad	Ballade
Chorus	Chouer
Classical	Klassisch
Harmonic	Harmonik
Harmony	Harmonie
Instrument	Instrument
Lyrical	Lyrisch
Melody	Melodie
Microphone	Stecker
Musical	Musikal
Musician	Musiker
Opera	Opera
Poetic	Poetisk
Recording	Foto
Rhythm	Rhythmus
Rhythmic	Rhythmisch
Sing	Seng
Singer	Senger
Vocal	Vokal

Musical Instruments
Musikalesch Instrumenter

Banjo	Hohlschrauben
Bassoon	Bassun
Cello	Cello
Clarinet	Klarinett
Drum	Drum
Flute	Fl
Gong	Gong
Guitar	Gitar
Harp	Harfe
Mandolin	Mandoline
Marimba	Marimbas
Oboe	Oboe
Percussion	Perkussion
Piano	Piano
Saxophone	Saxophon
Tambourine	Tamburin
Trombone	Bassposaune
Trumpet	Trompet
Violin	Gei

Mythology
Mythologie

Archetype	Archetyp
Behavior	Verhale
Beliefs	Berzeugungen
Creation	Schafung
Creature	Kreatur
Culture	Kultur
Disaster	Katastroph
Heaven	Himmel
Hero	Held
Jealousy	Jalousie
Labyrinth	Labyrint
Legend	Seeche
Lightning	Blëtt
Monster	Monster
Mortal	Spaweck
Revenge	Rache
Strength	Kraft
Thunder	Donner
Warrior	Krieger

Nature
Natur

Animals	Déier
Arctic	Arktis
Beauty	Schoonheid
Bees	Beien
Clouds	Wolken
Desert	Ste
Dynamic	Dynamisch
Erosion	Erosioun
Fog	Niwwel
Foliage	Blëtt
Forest	Wald
Glacier	Glazier
Peaceful	Roueg
River	Flos
Sanctuary	Hellegtum
Serene	Heiter
Tropical	Tropisk
Vital	Entscheedend
Wild	Wëllt

Numbers
Zuelen

Decimal	Dezimal
Eight	Aacht
Eighteen	Uechtzéng
Fifteen	Fofzéng
Five	Fënnef
Four	Vier
Fourteen	Véierzéng
Nine	Néng
Nineteen	Nonzéng
One	E
Seven	Sewen
Seventeen	Siebzehn
Six	Sechs
Sixteen	Sechzehn
Ten	Zéng
Thirteen	Dräizéng
Three	Dräi
Twelve	Zwielef
Twenty	Zwanzeg
Two	Zwee

Nutrition
Ernierung

Appetite	Appetit
Balanced	Ausgewoge
Bitter	Jeremy
Calories	Kalorien
Carbohydrates	Kolhydrate
Diet	Diét
Digestion	Verdauung
Edible	Essbar
Fermentation	Gärung
Flavor	Gous
Health	Gesondheet
Healthy	Gesond
Liquids	Ssigkeiten
Nutrient	Nährstoff
Proteins	Protein
Quality	Qualitéit
Sauce	Sous
Toxin	Toxin
Vitamin	Vitamin
Weight	Gewicht

Ocean
Ozean

Algae	Algen
Coral	Korallen
Crab	Krabbe
Dolphin	Delphin
Eel	Aal
Fish	Fisch
Jellyfish	Qualle
Octopus	Krake
Oyster	Auster
Reef	Riff
Salt	Salz
Seaweed	Alge
Shark	Hai
Shrimp	Garnele
Sponge	Schwamz
Storm	Sturm
Tides	Gezäiten
Tuna	Tunn
Turtle	Deckelsmouk
Whale	Wal

Pets
Hausdéieren

Cat	Kaz
Collar	Kracht
Cow	Kou
Dog	Hond
Fish	Fisch
Food	Mat
Goat	Geess
Hamster	Hamster
Kitten	Kätzchen
Lizard	Lacerta
Mouse	Maus
Parrot	Papagei
Puppy	Valpe
Rabbit	Huet
Tail	Schwäif
Turtle	Deckelsmouk
Veterinarian	Tierarzt
Water	Waasser

Physics
Physik

Acceleration	Zwee
Atom	Atom
Chaos	Chaos
Chemical	Chemesch
Density	Dicht
Electron	Elektron
Engine	Motor
Expansion	Expansioun
Formula	Formel
Frequency	Frequenz
Gas	Gass
Magnetism	Magnetisme
Mass	Mass
Mechanics	Mechanik
Molecule	Molekul
Nuclear	Nuklär
Particle	Partikel
Relativity	Relativitéit
Universal	Universell
Velocity	Vitesse

Plants
Planzen

Bamboo	Bambu
Bean	Banen
Berry	Berry
Blossom	Bléi
Botany	Botanie
Bush	Busch
Cactus	Kaktus
Fertilizer	Dünger
Flora	Flora
Flower	Bloem
Foliage	Blëtt
Forest	Wald
Garden	Garden
Grass	Gras
Ivy	Efeu
Moss	Moos
Root	Root
Stem	Stammzelle
Tree	Bam
Vegetation	Vegetatioun

Professions #1
Beruffer #1

Ambassador	Ambassadeur
Astronomer	Astronom.
Attorney	Avocat
Banker	Banquier
Cartographer	Kartograph
Coach	Trainer
Dancer	Dänzer
Doctor	Dokter
Editor	Editor
Geologist	Geolog
Hunter	Jeeër
Jeweler	Jeweller
Musician	Musiker
Nurse	Klechter
Pianist	Pianist
Plumber	Plummer
Psychologist	Psycholog
Sailor	Militant
Tailor	Schneider
Veterinarian	Tierarzt

Professions #2
Beruffer #2

Astronaut	Astronaut
Biologist	Biolog
Dentist	Zahnarzt
Detective	Detektiv
Engineer	Ingenieur
Farmer	Bauer
Gardener	Gärtner
Illustrator	Illustrateur
Inventor	Erfinder
Journalist	Journalist
Librarian	Bibliothéik
Linguist	Zu Useldeng
Painter	Maler
Philosopher	Philosoph.
Photographer	Fotograf
Physician	Dokter
Pilot	Pilot
Surgeon	Chirurg
Teacher	Léierin
Zoologist	Zoolog

Psychology
Psychologie

Assessment	Bewäertung
Behavior	Verhale
Childhood	Kandheet
Clinical	Klinisch
Cognition	Wahrnehmung
Conflict	Konflikt
Dreams	Dremmen
Ego	Superheld
Emotions	Emotionen
Ideas	Ideen
Perception	Perseptioun
Personality	Personalitéit
Problem	Problem
Reality	Realitéit
Sensation	Sensatioun
Therapy	Therapie
Thoughts	Gëtt
Unconscious	Onbewusst

Rainforest
Regenwald

Amphibians	Amphibie
Birds	Vuel
Botanical	Zäre
Climate	Klima
Clouds	Wolken
Community	Gemeng
Diversity	Diversitéit
Insects	Insekten
Mammals	Ugetieren
Moss	Moos
Nature	Natur
Preservation	Referenzen
Refuge	Zuflucht
Respect	Respekt
Restoration	Restauratioun
Survival	Iwwerliewe
Valuable	Wëscht

Restaurant #2
Restaurant #2

Cake	Kachen
Chair	Hl
Delicious	Lescht
Dinner	Diner
Fish	Fisch
Fork	Forschett
Fruit	Fruucht Giess
Ice	Äis
Lunch	Mëtte
Salad	Salat
Salt	Salz
Soup	Zopp
Spices	Rzen
Spoon	Lëscht
Vegetables	Geméis
Waiter	Water
Water	Waasser

Science
Wёssenschaft

Atom	Atom
Chemical	Chemesch
Climate	Klima
Data	Date
Evolution	Evolutioun
Experiment	Experiment
Fact	Fakt
Fossil	Haaptsächlech
Gravity	Gravitéit
Hypothesis	Hypothes
Laboratory	Laboratoire
Method	Methode
Minerals	Mineral
Molecules	Molekulen
Nature	Natur
Particles	Partikel
Physics	Physik
Plants	Planzen

Science Fiction
Science Fiktioun

Atomic	Atomic
Books	Chern
Chemicals	Chemikalien
Cinema	Kino
Dystopia	Dystopie
Explosion	Explosioun
Extreme	Extrem
Fantastic	Fantastisk
Fire	Fir
Futuristic	Futuristisch
Galaxy	Galaxy
Illusion	Illusioun
Imaginary	Imaginär
Mysterious	Geheimnisvoll
Oracle	Orakel
Planet	Planet
Robots	Roboter
Technology	Technologie
Utopia	Utopie
World	Welt

Scientific Disciplines
Wissenschaftsdisziplinen

Anatomy	Anatomie
Archaeology	Archeologie
Astronomy	Astronomie
Biochemistry	Biochemie
Biology	Biologie
Botany	Botanie
Chemistry	Chemie
Ecology	Ökologie
Geology	Geologie
Immunology	Immunologie
Kinesiology	Kinesiologie
Linguistics	Linguistik
Mechanics	Mechanik
Mineralogy	Mineralogie
Neurology	Neurologie
Physiology	Physiologie
Psychology	Psychologie
Sociology	Sociologie
Thermodynamics	Thermodynamik
Zoology	Zoologie

Shapes
Formen

Arc	Arc
Circle	Krees
Cone	Kegel
Corner	Eck
Cube	Megaminx
Curve	Kurv
Cylinder	Zylinder
Edges	Kante
Ellipse	Ellips
Hyperbola	Hyperbel
Line	Linn
Oval	Oval
Polygon	Polygon
Prism	Prisma
Rectangle	Rechteck
Side	Säit
Triangle	Drieekel

Spices
Gewierzer

Anise	Anis
Bitter	Jeremy
Cardamom	Kardemom
Cinnamon	Zimt
Clove	Klech
Coriander	Koriander
Cumin	Mmel
Curry	Currypaste
Fennel	Fenchelsamen
Flavor	Gous
Garlic	Knuewelek
Ginger	Ingwer
Nutmeg	Muskatnuts
Onion	Ënner
Paprika	Paprika
Pepper	Pfeffer
Saffron	Safiental
Salt	Salz
Sweet	Séis
Vanilla	Vanille

Sports
Sport

Athlete	Athlet
Baseball	Baseball
Basketball	Basket
Bicycle	Veel
Championship	Championnat
Coach	Trainer
Game	Spill
Golf	Golfplatz
Gymnasium	Fitnessraum
Gymnastics	Eriwwer.
Hockey	Eishockey
Movement	Bewegung
Player	Spiller
Referee	Arbitter
Stadium	Stadion
Team	Team
Tennis	Tennisplatz
Winner	Gewënner

Technology
Technologie

Blog	Blog
Browser	Browser
Bytes	Byte
Camera	Kamera
Computer	Computer
Cursor	Cursor
Data	Date
Digital	Digital
File	Datei
Internet	Internet
Message	Homepage.
Screen	Écran
Security	Sécherheet
Software	Software
Statistics	Statistik
Virtual	Mei
Virus	Virus

The Company
Entreprise

Business	Business
Creative	Kreativ
Decision	Entscheedung
Employment	Csv
Industry	Industrie
Innovative	Innovativ
Investment	Investition
Possibility	Méiglechkeet
Presentation	Presentatioun
Product	Produit
Progress	Fortschrëtt
Quality	Qualitéit
Reputation	Ruff
Resources	Ressourcen
Revenue	Recetten
Risks	Risken
Units	Eenheeten

Time
Zäit

Annual	Annuell
Before	Fir
Calendar	Kalender
Century	Joerhonnert
Clock	Auer
Day	Dag
Decade	Dekade
Early	Fréi
Future	Zukunft
Hour	Stonn
Minute	Minutt
Month	Mount
Morning	Moien
Night	Nuecht
Noon	Meiden
Now	Elo
Soon	Geschw
Today	Haut
Week	Woch
Year	Joer

Town
Stad

Airport	Fluchhafen
Bakery	Bäckerei
Bank	Bank
Bookstore	Bookshop
Cinema	Kino
Clinic	Klinik
Florist	Florist
Gallery	Galerie
Hotel	Hotel
Library	Bibliotek
Market	Maart
Museum	Museum
Pharmacy	Apdikt
School	Schoul
Stadium	Stadion
Store	Späicheren
Supermarket	Supermarkt
Theater	Theater
University	Universitéit
Zoo	Zoo

Universe
Universum

Asteroid	Asteroid
Astronomer	Astronom.
Astronomy	Astronomie
Atmosphere	Atmosfär
Celestial	Himell
Cosmic	Kosmisch
Darkness	Däischtert
Equator	Equator
Galaxy	Galaxy
Hemisphere	Hemisphär
Horizon	Horizont
Latitude	Breedegrad
Moon	Mount
Orbit	Orbit
Sky	Himmel
Solar	Solar
Solstice	Sonnenwende
Telescope	Teleskop
Visible	Gesinn
Zodiac	Tierkreis

Vacation #2
- Vakanz - #2

Airport	Fluchhafen
Beach	Strand
Camping	Campingsplaz
Destination	Zil
Foreigner	Auslänner
Hotel	Hotel
Island	Insel
Journey	Reis
Leisure	Fréischt
Map	Kaart
Passport	Pass
Sea	Mier
Taxi	Nieweroll
Tent	Zelt
Train	Zuch
Transportation	Transport
Visa	Visa

Vegetables
Geméis

Artichoke	Artischocke
Broccoli	Brokkoli
Carrot	Karrot
Cauliflower	Blumenkohl
Celery	Sellerie
Cucumber	Gurke
Eggplant	Eegplant
Garlic	Knuewelek
Ginger	Ingwer
Olive	Oliv
Onion	Ënner
Parsley	Petersilie
Pea	Erbse
Pumpkin	Kürbis
Radish	Radisch
Salad	Salat
Shallot	Schallot
Spinach	Spinat
Tomato	Tomat
Turnip	Troppel

Vehicles
Nutzfahrzeuge

Airplane	Fléier
Ambulance	Krankenwagen
Bicycle	Veel
Bus	Bus
Car	Auto
Caravan	Roulotten
Ferry	Bevëlkerung
Helicopter	Helikopter
Motor	Motor
Raft	Dee
Rocket	Rakéit
Scooter	Roller
Submarine	Boot
Subway	Bunn
Taxi	Nieweroll
Tires	Pneuen
Tractor	Traktor
Train	Zuch
Truck	Truckt

Water
Waasser

Canal	Kanal
Evaporation	Verdunstung
Frost	Duechteren
Geyser	Geiser
Humidity	Fiichtegkeet
Hurricane	Hurrican
Ice	Äis
Irrigation	Irrigatioun
Lake	Séi
Monsoon	Monsun
Ocean	Ozean
Rain	Reen
River	Flos
Shower	Dousch
Snow	Schnéi
Steam	Damp
Waves	Wellen

Weather
Wieder

Atmosphere	Atmosfär
Breeze	Brise
Climate	Klima
Cloud	Wolken
Drought	Dürre
Dry	Drëcht
Fog	Niwwel
Hurricane	Hurrican
Ice	Äis
Lightning	Blëtt
Monsoon	Monsun
Polar	Polar
Rainbow	Reebou
Sky	Himmel
Storm	Sturm
Temperature	Temperatur
Thunder	Donner
Tornado	Tornado
Tropical	Tropisk
Wind	Wand

Congratulations

You made it!

We hope you enjoyed this book as much as we enjoyed making it. We do our best to make high quality games.
These puzzles are designed in a clever way for you to learn actively while having fun!

Did you love them?

A Simple Request

Our books exist thanks your reviews. Could you help us by leaving one now?

Here is a short link which will take you to your order review page:

BestBooksActivity.com/Review50

MONSTER CHALLENGE!

Challenge #1

Ready for Your Bonus Game? We use them all the time but they are not so easy to find. Here are **Synonyms**!

Note 5 words you discovered in each of the Puzzles noted below (#21, #36, #76) and try to find 2 synonyms for each word.

Note 5 Words from **Puzzle 21**

Words	Synonym 1	Synonym 2

Note 5 Words from **Puzzle 36**

Words	Synonym 1	Synonym 2

Note 5 Words from **Puzzle 76**

Words	Synonym 1	Synonym 2

Challenge #2

Now that you are warmed-up, note 5 words you discovered in each Puzzle noted below (#9, #17, #25) and try to find 2 antonyms for each word. How many lines can you do in 20 minutes?

Note 5 Words from **Puzzle 9**

Words	Antonym 1	Antonym 2

Note 5 Words from **Puzzle 17**

Words	Antonym 1	Antonym 2

Note 5 Words from **Puzzle 25**

Words	Antonym 1	Antonym 2

Challenge #3

Wonderful, this monster challenge is nothing to you!

Ready for the last one? Choose your 10 favorite words discovered in any of the Puzzles and note them below.

1.	6.
2.	7.
3.	8.
4.	9.
5.	10.

Now, using these words and within a maximum of six sentences, your challenge is to compose a text about a person, animal or place that you love!

Tip: You can use the last blank page of this book as a draft!

Your Writing:

_____

_____

_____

_____

_____

_____

_____

_____

Explore a Unique Store
Set Up **FOR YOU!**

MEGA DEALS

BestActivityBooks.com/**TheStore**

Designed for Entertainment!

Light Up Your Brain With Unique **Gift Ideas**.

Access **Surprising** And **Essential Supplies!**

CHECK OUT OUR MONTHLY SELECTION NOW!

- Expertly Crafted Products -

NOTEBOOK:

SEE YOU SOON!

Linguas Classics Team

BESTACTIVITYBOOKS.COM/FREEGAMES

www.ingramcontent.com/pod-product-compliance
Lightning Source LLC
Chambersburg PA
CBHW082152120626
46553CB00010B/2869